胖东来你学得会

胖东来的服务营销、管理理念和体制建设

刘杨 著

清华大学出版社
北京

本书封面贴有清华大学出版社防伪标签，无标签者不得销售。

版权所有，侵权必究。举报：010-62782989，beiqinquan@tup.tsinghua.edu.cn。

图书在版编目（CIP）数据

胖东来，你学得会：胖东来的服务营销、管理理念和体制建设 / 刘杨著.
北京：清华大学出版社，2025. 5. -- ISBN 978-7-302-69040-5

Ⅰ. F724.2

中国国家版本馆 CIP 数据核字第 20258AS841 号

责任编辑：付潭蛟
封面设计：汉风唐韵
版式设计：方加青
责任校对：王荣静
责任印制：沈　露

出版发行：清华大学出版社
　　　　　网　　址：https://www.tup.com.cn，https://www.wqxuetang.com
　　　　　地　　址：北京清华大学学研大厦 A 座　　邮　　编：100084
　　　　　社 总 机：010-83470000　　邮　　购：010-62786544
　　　　　投稿与读者服务：010-62776969，c-service@tup.tsinghua.edu.cn
　　　　　质 量 反 馈：010-62772015，zhiliang@tup.tsinghua.edu.cn
印 装 者：北京鑫海金澳胶印有限公司
经　　销：全国新华书店
开　　本：170mm×240mm　　印　　张：13.5　　字　　数：165 千字
版　　次：2025 年 6 月第 1 版　　印　　次：2025 年 6 月第 1 次印刷
定　　价：69.00 元

产品编号：107822-01

引子　学习胖东来好榜样

不少人因为胖东来诞生于许昌，所以才记住了"许昌"这座城市的名字，胖东来火了之后，到许昌游学的人变多了。全国各地各个行业的学习者纷至沓来，大家想一睹胖东来的风采，也想看看孕育出号称"中国零售界天花板——胖东来"的许昌，到底有什么不一样。

许昌是三国名城，郭沫若曾说："闻听三国事，每欲到许昌。"但实事求是地说，这样一个以文化和旅游资源见长的城市，并不是商业发展的沃土。城市小、人口少，相较于市场空间和营商环境，许昌不能与距离约100千米的郑州相提并论。

不过，许昌这种先天的"劣势"反而成为人们竞相学习胖东来的原因。如果胖东来诞生于北京或上海，是由原有国营百货公司改制而来的，那么请问全国有几家企业能有相同或相似的条件？同样地，如果胖东来诞生于广州或武汉这样传统商业比较繁盛的城市，经营者往上几辈都是成功的商人，那么可能又要吓退很多学习者，在成功的基础上成功是比较简单的，却也是旁人难以效仿的，因为大部分人没有这样的条件。这样看来，人们真正愿意学习并且能学得会的企业只有一种，就像胖东来这样，看起来先天不足，后天也没得到多少老天的眷顾，全靠创业者一步一个脚印打拼出来的企业，它的方法和理念更值得千千万万创业者与企业家学习。

到底能学什么？又要怎么学呢？以一波接一波的胖东来游学团为例，他们会"观其行""听其言"。"观其行"就是先到胖东来各个门店转一圈。

超市和百货商场大家都去过，到底胖东来哪里跟别家不一样？是硬件设施不一样，是商品陈列不一样，还是服务员的素质不一样？一个企业做得好，总是能看出些外在的蛛丝马迹，学习胖东来的人相信自己的眼睛，总希望能发现点什么现象，总结点什么规律。"听其言"就是亲身体验一下，比如花100元逛一下胖东来超市，真正体验一把"胖东来式"服务，或者参加一些培训课程，听听研究胖东来的专家学者讲讲胖东来的"秘密"。比如，"员工工资翻两倍""强制放假90天""用爱管理企业"等。

经过这样的游学，这些学习者有了截然不同的两种反应。

一种是从学习中总结出一些秘籍，也就是胖东来成功的原因，如"加强培训""多给员工发工资""提高高档产品比重""加强企业文化建设"等，摩拳擦掌地想在自己的企业试一试。

还有一种是看过、听过胖东来的成功秘籍之后反而觉得学不会。他们发现胖东来的成功是反逻辑的，比如：怎样才能既提高工资又提高毛利？怎样才能增加损耗却不影响坪效？怎样才能不以利润为导向又赚到利润？这部分人的结论最后往往归结为两点：要么认为胖东来的成功全靠传奇老板于东来，所以根本学不会，也没必要学；要么认为胖东来的成功是昙花一现，是河南这个地方的特例，要不然怎么胖东来干了几十年就是走不出河南呢？①

学习者的两种反应非常普遍，很多人抱着学习的目的而来，最后却变成了打卡拍照，到此一游。

胖东来到底能不能学？当然能学，小到便民措施、商品布局、卖场设置，大到人员管理办法、员工操作手册、企业文化建设，都可以学习。可为什么学了半天只是浮光掠影或望而生畏呢？说白了，还是只看到了热闹却没有看到门道。我就认识这样的老板，学习胖东来的高工资，回去之后就给

---

① 截至2024年2月，胖东来所有门店仅分布于河南许昌和河南新乡两地，其他地方没门店。

员工涨薪。本以为高工资会提升员工的积极性，没想到员工的积极性更低了，人也更难管了。不了解胖东来方法的底层逻辑，生搬硬套肯定会水土不服，这就是一个典型的例子。

学习胖东来，我建议大家由表及里，由浅入深，真正把胖东来放到显微镜下，认真观察，深入剖析。不要急于求成，也不要把复杂的管理问题归结为几条金句或者刻板的教条，要知其然，也要知其所以然。还以高工资为例，胖东来的高工资是外在现象，朝里看，它有两个制约条件：员工操作手册（对员工的高要求）和员工管理制度（对员工的细化考评），高工资和这两个制约条件要同时具备才能发挥作用。从更高的视角来看，高工资是胖东来企业文化和企业价值观的一部分（满足员工需求，实现个人价值，从而推动完成企业使命）。只有理解到这个层面，提高工资才是有意义的。

所以在本书中，我提倡一种全面的学习方法，学习胖东来，既要观其行、听其言，还要知其然（了解现象背后的逻辑和原因）、践其行（思考如何把这些宝贵经验应用到自己的企业中）。

我本身也是一个创业者，在学习胖东来的过程中，我一直提醒自己要透过现象看本质，凡事多问几个为什么。比如，大家看到胖东来免费上门退货，商品召回，胖东来为什么要这么做，仅仅是怕消费者吃亏吗？我发现这里有一个秘密，那就是现代服务业（包括商品流通企业）不再把服务当成一个任务，而是将其当作一个机会。产品问题本应是由生产厂家负责的，但是商场离消费者更近，如果商场不把这个"皮球"踢给厂家，而是抢着把问题解决了，消费者会对谁更有好感？

举个例子，很多许昌人买油烟机时不说"我要买某某品牌的油烟机"，而是说"我要去胖东来买油烟机"。这是为什么呢？因为他们知道，一旦油烟机出了问题，胖东来比厂家服务得更及时、更周到。所以，服务是什么？对于没想清楚的企业来说，服务是成本，是负担；而对于胖东来来说，服务是口碑，是机会，是更长久且持续的利润来源。这样的服务要不要做？怎么做？答案自然就清楚了。

管理说起来很复杂，好像是门玄学，其实回到管理学最初始的定义，管理就管三样东西，即人、财、物。也就是说，管理就是怎么调动人，怎么管好账，怎么把物品放到应该放的地方。还以上面的买油烟机为例，有人说，产品问题明明是厂家的责任，胖东来揽了过来，这不是亏本的买卖吗？其实，这就是怎么算账的问题，如维修成本占到多少，服务带来的价值有多大，服务带来的口碑价值有多少……算大账，别算小账，这就是财的管理。至于管人和管物，同样的道理，先想清楚最终目标是什么，然后倒推人和物应该怎么管。

很多人说胖东来的卖场真好啊，一尘不染，为什么自己的企业做不到呢？不妨看看胖东来清洁人员的配置，看看胖东来清洁工的工资单，再看看胖东来用的扫地机、清洁用品的品质……这些其实就是企业在调配自己的资源。资源投在哪儿，效益就可能出在哪儿，这都是有原因的。一个企业把每件事都做对了，企业就活了，赚钱就是自然而然的事了。

总有人问我："学习胖东来到底能不能学得会？"我反问他们："你的创业到底能不能成功？"对方一般会回答四个字"事在人为"。同样地，学习胖东来能不能学得会也事在人为。我的这本《胖东来，你学得会——胖东来的服务营销、管理理念和体制建设》记录了我在学习胖东来的过程中看到的各种现象、研究资料，也包括各种思考、应用和实践。我将这些内容全部公开，希望它们能帮助你更好地学习胖东来，并为自己所用。最后，祝你学有所得，马到成功。

刘杨

于河南许昌

2024 年 9 月

目 录

第一章　跟着胖东来学服务创新　　1
第一节　小小挂衣钩——用流程穿越优化服务　　2
第二节　胖东来的矿泉水好在哪里——用整体产品提高价值　　13
第三节　从宠物寄存到7种购物车——用细节服务征服消费者　　22
第四节　公开进货价——重塑服务价值链　　39
第五节　上门退换货——提升服务的情绪价值　　50

第二章　跟着胖东来学管理理念　　60
第一节　极致服务的背后——把硬管理和软管理结合来用　　61
第二节　高效执行力从哪里来——用需求层次理论参透人心　　82
第三节　这些商品名叫"胖东来"——从红海到蓝海的战略管理　　94
第四节　胖东来为什么不怕抄袭——企业的持续竞争优势　　113
第五节　胖东来的葫芦里卖的是什么药——从环境营造到体验经济　　127

第三章　跟着胖东来学体制建设　　138
第一节　会赚钱也会分钱——胖东来的股权和分配体制　　139
第二节　从0到1的方法论——从局部创新到全员创新　　150
第三节　当飞轮开始运转——胖东来的成长动力　　161
第四节　爱在胖东来——重新认识利益相关者关系　　174
第五节　胖东来为什么不走出河南——企业的使命和价值观　　192

结语　做那个伸手摘星的人　　205

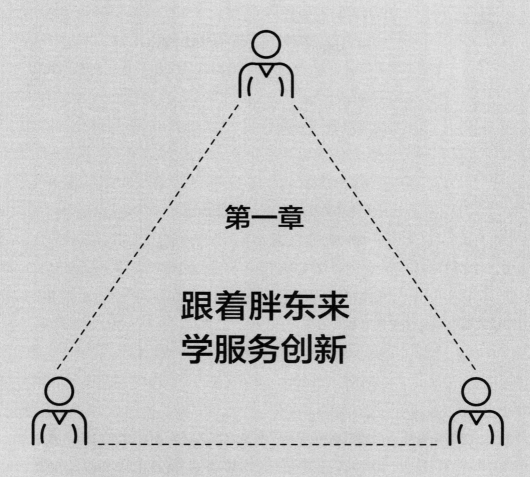

第一章

跟着胖东来学服务创新

　　创新是企业发展的根本动力。近距离观察胖东来，你会发现，它的创新是无处不在的。具体来说，有硬件设备创新、服务创新、流程创新，还有更深层次的制度创新、管理创新、文化创新等。在学习和模仿的难度上，首先是表层的，硬件和设备层面的创新最容易学，学了就能见效果，立竿见影；其次是中层的，流程和服务层面的创新，这也比较容易学，学会了加以应用，企业的面貌会焕然一新；最难学的是深层的，制度和文化的创新，这决定了一个企业是否能有脱胎换骨的进步。

第一节　小小挂衣钩
——用流程穿越优化服务

去过许昌胖东来时代广场①的朋友可能体验过时代广场一楼的身高体重测量仪，不用投币也不用扫码，免费测量身高体重。

这种免费的设施在胖东来有很多，不算稀奇。稀奇的是，在身高体重测量仪旁边有一个挂钩（爱心衣钩，如图1-1所示）。有人说，这是用来挂衣服的，称体重的时候，衣服没地方放，正好可以挂在这里。也有人说，这可以用来挂比较轻的购物袋，手里提着东西不方便称体重，有了这个挂钩就方便多了，东西不用放在地上，卫生又便利。不管是挂衣服还是挂购物袋，这个小挂钩都给顾客行了方便。

胖东来为什么会想到在身高体重测量仪旁边放挂钩？这绝对不是哪个主管一拍脑袋做出的举动，更不是博眼球的噱头，而是胖东来研究过顾客的购物习惯，切身体验过顾客购物的全过程。

在管理上，有时候商家会请人假扮成顾客，去体验服务的各个环节，这种顾客被称为神秘顾客，这个过程被称为暗访。但是一般来说，暗访只能发现问题，并不能发现潜在的可能性和机会。比如，神秘顾客体验身高体重测量仪，他只会看机器是否干净、运转是否正常、工作人员接待指导是否到位等，他绝不会想到要在机器旁边设一个爱心挂钩。

---

① 胖东来时代广场：位于许昌的胖东来商超综合体，内有胖东来超市和百货商场。

图 1-1　胖东来爱心衣钩（摄影：刘杨）

比神秘顾客更进一步的方法叫"流程穿越"。商家（包括业务流程的制定者、管理者、支持者等与流程密切相关却并不直接执行流程的人员）亲自体验消费者购物的全部过程，认真分析每一个环节，从而找到优化和改进的办法。举个例子，酒店经理以顾客的身份体验从停车、进入大堂、办理入住、点餐、客房服务一直到离店的全部过程，从而找出存在的问题，也找出服务创新的切入点，这就是流程穿越。国外有些学者把这种模拟消费者的体验行为，记录体验的全过程，并加以分析，提出优化和改进建议的方法称作"客户旅程（Customer Journey）法"或者"客户体验地图（Customer Journey Map）法"。

结合胖东来的例子，我们可以模拟顾客逛超市的全过程，体验到底什么是客户旅程，以及如何绘制客户体验地图。

先在超市门口找到购物车。现在有些超市需要投币才能推走购物车，如果顾客没带硬币会很不方便。另外，有时候购物车比较脏，或者轮子不太好用，需要换好几辆才能找到趁手的。

在胖东来，上面这两个问题都不存在，你不需要投币就能推走购物车，在时代广场胖东来超市，有7种不同容量、不同规格的购物车供你选择。不管你是80岁的老人，还是5岁的孩童，都有适合你的特制购物车。除此之外，胖东来没有脏的购物车，也没有不好推的购物车，你闭着眼睛挑，随便找一辆都是干净好用的。这说明什么？说明胖东来已经洞察了消费者的需求，把服务做到了前面。

进了超市，顾客希望尽快找到自己需要的商品。顾客需要买面包、酸奶和鸡腿，在超市怎么走，这是购物路线问题。还以时代广场胖东来超市为例，进门就是面包区，面包区为什么放在进门的位置？一来新鲜烤制的面包有香味，可以吸引顾客；二来在入口处设置面包区，很多人会被面包的颜色和味道吸引，冲动消费；三来面包区暖黄色的灯光显得很温馨，会让刚进入超市的顾客觉得放松、自在。

紧挨着面包区的是熟食区。同样的道理，通过色香味俱全的陈列，吸引消费者的注意，刺激消费。再往前走，是蔬果区和肉类区域。对很多家庭主妇来说，这才是购物的重点。

这一趟逛下来，路线非常清晰，不走回头路，一趟就能买到所有需要的东西。如果需要找特定品牌的商品，你可以求助胖东来的服务员，这里的服务员指所有卖场的工作人员，在胖东来，包括营业员、理货员、清洁工、临时促销人员等，都能为顾客指明方向，这是基本功，甚至有些服务人员会放下手边的工作，亲自带顾客去找商品。

讲到这里，你可能会好奇，为什么连清洁工都能指路？这不是因为胖东来的清洁工素质高，而是因为胖东来早就进行了"流程穿越"。它知道顾客咨询是经常出现的场景，所以提前做好培训，安排好相关的流程。这样一来，顾客的体验就会非常顺畅，遇到问题，只要询问穿工服的工作人员，不管找谁问题都能解决。

跟着顾客继续走，"顺带去看看电饭锅"。其实，相比生鲜和加工食品，很多超市是不愿意卖百货的。一方面，像电饭锅这种小家电，购买频次太低，影响店面坪效；另一方面，顾客可能会在线下体验，线上下单。所以很多超市会压缩百货区的面积和货品种类。胖东来却反其道而行之，在百货区，它不但有大面积的商品陈列，而且会在商品旁放置跳跳卡①，进行商品知识介绍和选购说明。

为什么要这么做呢？因为这会在消费者心中留下两个印象：第一，胖东来啥都有，可以一站式购物；第二，别的商家都想快点把东西卖给我，只有胖东来在帮我分析，到底什么样的商品适合我。所以，即便顾客只是看看并不购买，这种在销售点②（Point of Purchase）的美好体验，也会给顾客留下深刻印象。

逛完超市准备走了，顾客这时候有一个担心，因为买了酸奶和鸡腿，出去后温度高怕变质。其实，现在很多超市在冰鲜区都提供保温袋，价格也不贵，但是很显然，如果在超市出口才想到买保温袋，再折回头去买就很麻烦。胖东来的做法很贴心，它在超市出口的地方提供免费的冰袋。注意，是打包好的冰袋③而不是冰块，这意味着，消费者可以直接把冰袋放入购物袋，不用担心冰块融化漏水。更重要的是，冰袋不用花钱，是免费的。

讲到这，有人可能会说，冰袋是有成本的，让顾客免费拿，多浪费啊，企业这样干不就赔了吗？其实，恰恰相反，因为有免费的冰袋，顾客才敢

---

① 胖东来一种介绍商品的卡片装置，一般底部夹在货架上，卡片在空中会轻微摆动，所以被称为跳跳卡。
② 销售点指的是具体销售产品的地点，销售点体验包括产品陈列、介绍以及现场与消费者的互动等。
③ 胖东来免费提供的冰袋里装满了碎冰，即便碎冰融化，冰水也不会漏出来。

买生鲜、熟食和需要冷藏的食品，这变相增加了企业的销售额和利润。

有些超市出口位置的货架或者结账的柜台上经常会出现顾客临时放弃的商品，包括已经称重的熟食、需要冷藏的牛奶、容易变质的水果等，为什么最后一秒决定放弃？就是因为觉得不好保存，拿回去会变质。这种遗弃商品的损耗远远要超过冰袋的价格，这样算账，你就知道胖东来为什么要把一切都想在顾客前面了。

购物的最后一环是结账。我们可能都经历过结错账的情况，比如打折的商品，收银员扫的还是原价；比如明明是买一送一的商品，收银员还是按原价结算；等等。一般来说，如果结错账，多收钱的情况肯定比少收钱的情况要多。所以，在收银的时候，我们会盯着收银机的屏幕，或者结完账自己再核对一下小票。

在胖东来，你完全不用担心结错账。第一，收银员在结完账之后，会当着你的面，再次逐条核对小票，以防出错；第二，如果回家之后，你发现收银员多收了钱，打电话给胖东来，就有专人上门处理，甚至还有可能拿到 500 元的投诉奖。

当面逐条核对小票会耽误时间，影响收银速度，按说只有消费者有疑问的时候，收银员才有必要核对小票，可为什么这变成了一个标准动作，每张小票都要核对呢？原因很简单，这等于给消费者吃了一颗定心丸，你完全不用担心收错钱的问题，胖东来已经帮你把好了这一关。作为消费者，你说这样的超市省不省心？放不放心？

另外，现在很多超市都有会员卡，如果你报会员卡号，服务员就会帮你积分，但如果你不报会员卡号，又不拿实体卡出来，收银员多半也不会提醒你。但是在胖东来，收银员一定会问你会员卡号，并主动帮你积分。这意味着什么？这意味着顾客根本就不用操心积分的事，胖东来都替你想好了，一点儿亏都不让你吃。

结完账拿了东西走出超市，还不想立即回家，正好在大厅看到身高体重测量仪，而且还是免费的，那就测一下吧。这时候，你发现，胖东来贴心地准备了一个挂钩，你的衣服、购物袋都可以挂上去，请问你是什么感觉？你想到的胖东来做到了，你没想到的胖东来也替你想到了。

　　量完身高体重，准备回家。车停在地下停车场，一般超市是用购物小票换停车票，有的还会规定停车时长。在胖东来，不管你有没有购物，前一小时停车都是免费的，而且进门的时候会扫车牌号，电脑计费，消费者不用领停车票，一小时之内可以自由出入。

　　像过年过节，有的人一次购物比较多，东西不好拿怎么办？别担心，胖东来也提前做好了预案，在商场门口，有服务员会主动帮你提东西。如果你开车的话，服务员会帮你把东西放到后备厢；如果你骑电动车或者自行车，服务员会帮你把东西码放好；如果你是一个人走路过来的，胖东来的服务员会手提着帮你送货。这种免费送货不需要查验小票，也不需要去服务台申请，服务员看到了就会帮你。

　　讲到这，可能又有人会说，这也太随意了，难道别人买两提卫生纸也给免费送货吗？而且免费送货也得有个距离吧，比如3千米以内、5千米以内？

　　其实这又把问题想复杂了，一般人如果自己能提走，是不会要求送货的，需要别人帮忙自然是有了难处。如果一个人能步行3千米来买东西，东西太多又提不走，这样的顾客就的确需要帮助，如果再让他去核对小票、柜台登记，还要像审犯人一样问他买了多少东西，需要送多远，这本身就背离了服务的初衷。这也说明，企业政策制定者坐在办公室定政策和走出来穿越流程后定政策，出发点和结果是完全不同的。

　　以上，我们简单"穿越"了一下某位顾客购物的流程，当然，不见得顾客的路线和购物顺序都是一样的，但上述这样的消费体验是有代表性的。所以，我们就可以借助这个过程绘制"客户体验地图"，然后结合地图，做出服务的改进和创新。胖东来客户体验地图如图1-2所示。

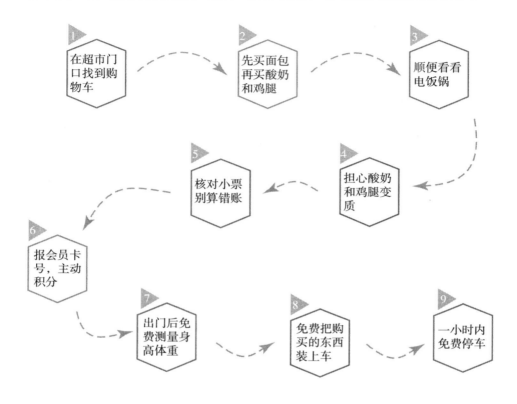

图1-2　胖东来客户体验地图

经过这样的"穿越"，你会发现，所谓好服务，绝不是随机应变或是临时想出来的，90%的服务都是经过观察、分析、尝试、调整之后固化下来的。有一些老板刻意模仿别人的服务，比如别人要求6个服务员站在外面迎宾，他就要求8个服务员站在外面迎宾；别人要求服务员45度鞠躬，他就要求服务员60度鞠躬，这些完全脱离了服务的本质，对客户来说毫无意义。

知识卡片和学习心得

■ 1. 客户体验地图

"客户体验地图"这一概念由牛津企业顾问公司(Oxford Corporate Consultants)于 1998 年首次提出。客户体验地图展示了客户体验的过程。它不仅能识别客户与组织的关键交互,还带来客户对每个接触点的感受、动机和问题[①]。客户体验地图可以让组织发现客户体验与客户期待之间的鸿沟。

■ 2. 绘制客户体验地图的步骤

第一步是描述客户。为了准确描述客户,你可以做一个"典型客户画像"。比如,你的典型客户是 30 岁左右的家庭主妇,喜欢做饭,经常带着孩子出来购物,那么你就很容易预判在消费的过程中她有什么需求?会遇到什么问题?有什么期待?确定了典型客户,你就更容易把自己代入客户的身份中。

第二步是绘制客户行动路径。比如顾客到超市买东西,从他进入停车场,到进超市大门,到拿起第一件商品……到最后付钱离开商场,可以把顾客大概的行动轨迹绘制出来。

第三步是确定关键接触点。比如对于酒店来说,客户的第一个关键接触点就是在前台办理入住,如果在这个地方客户体验不佳,那么他的整个住宿体验可能都会很差。

第四步是评估客户情绪历程。客户在体验服务的过程中,情绪会经历很多波动,比如看到新的货品会有新鲜感(喜悦的情绪),遇到解决不了的问题会觉得烦躁(不高兴的情绪),遇到别人的帮助会有

---

① 资料来源:维基百科,Customer experiece 词条,https://en.wikipedia.org/wiki/Customer_experience。

感动的情绪，超过自己的预期会有惊喜的情绪，等等。

第五步是优化体验。一般来说，客户的情绪历程跟关键接触点的感受有关，企业可以优化关键接触点的设置，从而营造更好的客户体验。比如，某饭馆在客户结账离开的时候会赠送伴手礼，从而带给客户惊喜。

■ 3. 学习笔记和心得

不只商场和超市需要做流程穿越，所有从事服务业的人，都应该扮演客户，体验流程穿越。你可以用提问的方式，一边体验，一边记录自己提出的问题，然后逐条做出解答。

假如你是一家洗车店老板。客户要怎么样提前预约？车要怎么开进来，停在哪儿？如何保管客户的钥匙？如何放置客户散落在后座和后备厢的物品？洗车的时候，客户在哪里等？等待的时候，客户能干什么？洗车的时候，客户能不能看到洗车的过程？有什么他可能不放心的问题？你怎么打消他的顾虑？客户等待洗车的过程，你能提供什么附加服务？是推销产品，与客户沟通，还是介绍一些车辆保养的知识，或者免费送一些其他服务？车洗完之后，如何通知客户？如何做客户回访？你要优化哪些关键流程，才能提升客户体验？

假如你是一家餐厅的老板，如何在网上做好宣传，让客户提前注意到你的门店？客户来到门店，如果是开车来的，停车是否方便？客户进门之后，如何迎接引导客户？满座的时候，客户如何排号？排号等待的时候，客户可以做什么打发时间？客户有小孩怎么办，有没有宝宝座椅，有没有儿童餐具？小孩哭闹不止怎么办，有没有相应的员工培训或者安抚小孩的免费玩具？洗手间的指示是否清晰？卫生纸和其他卫生用品是否充足？客户的特殊要求谁来处理，处理的权限有多大？客户提出退餐怎么处理？客户投诉怎么处理？客户要求打包怎么处理？遇见不讲理的客户怎么处理？结账的时候能否提供多种付款方式？客户对账单有疑问怎么办？外卖订单如何处理？如何应对高峰期等待时间长的问题？客户打碎餐具如何处理？如何招待回头客？你要优化哪些关键流程，才能提升客户体验？

4. 躬身入局 + 事上练

你也可以按照文中的方法，画出客户体验地图。假如你是一家理发店的老板。你的客户体验地图至少应该包括查询预约、来店、等待、与发型师沟通、需求确认、发型设计、剪发（烫发、染发等）、问题反馈、其他沟通等。在这个过程中的每一步，客户可能会遇到什么麻烦，提出什么问题，你都可以预先做好准备。

比如，客户需要跟理发师沟通目标发型，过去客户完全靠语言描述自己想要什么样的发型，这增加了沟通的难度，也很容易造成误会。为了做好服务，你可以准备很多发型的图片，或者流行发型的画册，供客户选择。甚至你可以给这些发型做个简单的分类，客户先挑选大类，然后再决定具体的发型，降低客户选择的难度。有的理发师还利用网上的小程序，做脸形和发型、发色匹配的效果图，供客户选择。

5. 更多学习资料：客户体验地图模板

结合你所在行业的实际情况，在图 1-3 中的空白处填上客户体验的关键接触点。请按时间顺序填写，注意不同环节之间的衔接。

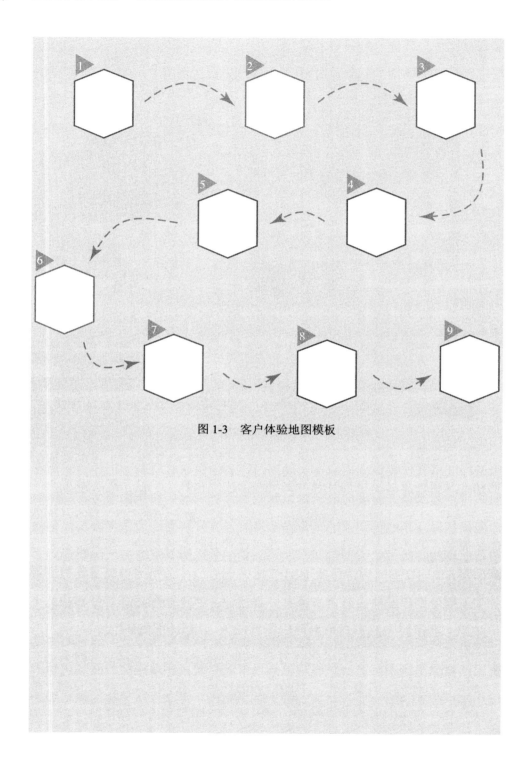

图 1-3　客户体验地图模板

第二节 胖东来的矿泉水好在哪里
——用整体产品提高价值

提到胖东来,很多人都有这样一个疑问:各个超市卖的东西都差不多,为什么有人愿意多跑 5 千米、10 千米,甚至几百千米(跨城)来胖东来买一箱矿泉水?他们到底图什么?是胖东来比其他地方便宜吗?不是,像农夫山泉的矿泉水,各个超市的价格都差不多。难道胖东来卖的是正品,其他超市卖的都是假货吗?也不是,现在各大超市的货源都有保障。那到底是什么原因,让胖东来有吸引客户前来的魔力呢?

有人说是胖东来服务好,大家冲着服务而来,但是仔细想想也说不通。假设你就是那个去胖东来买两箱矿泉水的顾客,你拿了水就走,走的又是自助付款通道,全程不需要跟服务员打交道,那么你感受到了什么优质服务呢?这趟胖东来购物之旅对你来说到底又意味着什么呢?

的确,如果单纯从买东西的角度来讲,在胖东来买到的东西跟在其他超市买到的东西并没有区别——都是农夫山泉,价格也差不多。但如果从整体体验来说,可能就不一样了。什么叫整体体验呢?营销学认为,广义的产品包括物质形态的实体产品,也包括非物质形态的利益,这两者相加,才是"产品的整体"。产品整体带给消费者的是整体的体验,而不仅仅是产品功能的体验。

举个例子,你去超市买鱼,服务员把鱼递给你,你付了钱,交易就完成了,鱼就是你购买的产品。而有的超市会帮你把鱼宰杀好,洗干净再交给你，这里除了鱼，还包含了一定的服务。在胖东来，除了帮你杀鱼，还会提供5种不同的宰杀方法（包括全鱼、去头、切鱼柳、切段、蝴蝶切）。另外，为了方便你烹饪，胖东来会免费给你提供跟鱼有关的菜谱，有些鱼类和海鲜还提供现场烹饪，帮你免费加工。拿回去发现鱼不新鲜，胖东来上门给你退换货。发现鱼买贵了，胖东来有免费召回制度。胖东来海鲜（包括部分鱼类）现场烹饪广告牌如图1-4所示。

图1-4　胖东来的海鲜现场烹饪广告牌（摄影：刘杨）

这么一对比，你就会发现，同样是买鱼，胖东来给你提供的产品就是一个整体的产品，这里既包括了鱼（实体产品），也包括了各种服务，还包括了各种让你觉得很便利、很安心、很舒服的心理感受。

讲到这，有的人可能会说，这并没有解决开篇提出的问题啊。买鱼的话，胖东来的确跟其他超市有区别，那买矿泉水呢？买矿泉水也不需要有人服务，有什么差异呢？整体产品怎么体现呢？

其实，分析我们购买产品的过程就能知道，购买任何一件产品都包括购买前、购买中和购买后3个环节。购买前，我们会比较产品的性能、价格、外观等；购买中，我们会挑选、比价、付款、取货；购买后，我们需要维护、保养、返修等服务。所以，购物本身就是一个整体的体验，绝不只是付款的那个瞬间。

设想一下，都是花 20 元，你在一个堆满杂物、不太整洁、服务员爱搭不理的超市买一箱水和在一个货品堆放整齐、干净，服务员热心介绍的超市买一箱水，感受会是一样的吗？换句话说，同样是花 20 元，你愿意在哪里花钱呢？

当然，胖东来做的绝不仅是干净、卫生、笑脸相迎这么简单。在购买前，胖东来在货架和商品陈列处设置了跳跳卡、海报、立牌、宣传栏等物料，其他超市拿来打广告的地方，胖东来用来介绍知识帮助顾客做选择。比如，图 1-5 所示的"胖东来的宝宝辅食添加攻略"，它告诉消费者，宝宝不同阶段应该购买什么样的产品。

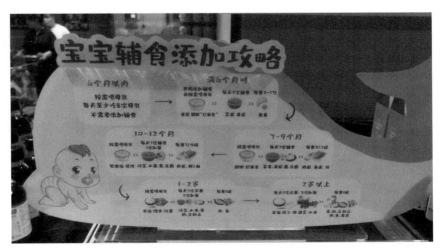

图 1-5　胖东来的宝宝辅食添加攻略（摄影：刘杨）

别觉得这种介绍可有可无，对于消费者来说，通过学习知识做出准确的判断，买到合适的商品，会有非常美好的购物体验。很多人觉得买到打折的东西或者便宜货才会有好的购物体验，其实并非如此，买回来之后发现根本用不上，反而会让消费者的整体体验大打折扣。

在购买过程中，胖东来的服务员不但能服务顾客，还能扮演商品顾问的角色。所谓服务顾客，就是协助顾客顺畅购物。比如，货架上的矿泉水都是一瓶一瓶陈列的，而你想要一箱矿泉水。你跟服务员说了你的需求，几分钟后，服务员就能搬来一箱矿泉水，这就满足了你的需求。所谓商品顾问，就是通过专业的介绍，辅助你做选择。比如两款酸奶，你不知道如何选择，可以让服务员帮你介绍两款酸奶各自的优缺点（这对胖东来的服务员来说也是基本功，是否了解商品知识是胖东来服务员日常考核的重要方面），从而做出适合自己的选择。

如果说前面这两条很多超市也能做到，那么胖东来的购买后服务就更值得我们学习借鉴。一般来说，商品被消费者带走之后就跟超市无关了，如果商品有问题，那也是生产厂家的问题。还以矿泉水为例，如果顾客买回去的农夫山泉水是变质的，那么顾客理应去找农夫山泉厂家解决问题，但是胖东来把售后做到了极致，胖东来售出的商品，有问题均可以找胖东来解决。甚至有的东西卖贵了，胖东来还会将其召回，不需要发票或小票，只要有购买记录就给顾客退钱。服务做到这一步，顾客的体验感会非常好，不但没有后顾之忧，而且每次想到胖东来，想到在胖东来购买的商品，都会非常安心。

简单总结一下，为了提升顾客整体体验，在购买前，胖东来会做好商品的分类，准备好商品特点的介绍，方便顾客选择；在购买中，胖东来努力营造良好的购物环境，在顾客有疑问的时候，既能做好服务，又能充当好参谋和顾问；在购买后，胖东来积极解答顾客的问题，做好跟踪服务。总之，在胖东来购物，顾客得到的不仅是商品本身，更是跟商品和购物过程关联的所有美好体验。

为什么现在做生意要强调整体体验呢？其实这也跟时代背景有关。过去物质比较匮乏，人们买东西看中的是商品自身的价值，是性价比，有没有服务，购物过程是否愉悦不重要。只要能买到，只要能买得便宜，人们就很满足。但现在不一样了，现在这个时代，商品极大丰富，人们购买商品的渠道也很多。对于商家来说，到底是选择降低毛利打价格战，还是丰富自己的服务内涵，给客户提供更美好、更舒适的购物体验就成为两种完全不同的商业模式。无疑，胖东来选择的是后者，胖东来没有低价倾销，也很少打折促销，它赚取正常的利润，但是它提供给消费者的服务是完整的，也是高品质的。换句话说，消费者在胖东来既买到了商品，也买到了满意和好心情。

着眼于当下，现在的年轻人被称为Z世代（Z Generation），他们大多在1997—2013年出生。相比于他们的父母，Z世代不在乎价格，不重视性价比，他们更看重感觉和情绪。现在Z世代已经成年或者将要成年，他们正成为消费的主力军，未来想要抓住这部分消费者，一定要考虑整体的产品以及整体的体验。

知识卡片和学习心得

■ 1. 整体产品理念

现代营销理论认为，整体产品理念（Whole Product Concept）包含核心产品、有形产品、附加产品和心理产品四个层次。核心产品也称实质产品，也就是产品能满足客户的特定功能或属性，比如顾客买矿泉水是为了解渴，买电热水壶是为了烧热水。有形产品就是客户能拿到的产品本身，比如红色易拉罐装的可口可乐、1升装的三元鲜奶、80克的乐事薯片等。附加产品是客户在购买有形产品时获得的服务和利益，比如买促销装的青岛啤酒，可以凭拉环抽奖；买海尔空调，可以免费安装，并有三年保修服务。心理产品是客户购买产品前、购买产品时和购买产品后整体的消费体验与感受，也有人把这种因购买带来的满足感称为"心理消费"。心理消费一般跟品牌和消费体验有关，比如客户购买了一台奔驰牌汽车，除了车本身代步的功能，奔驰品牌会带给消费者心理的满足感。再如，顾客在胖东来购物，整个购物过程非常平顺、愉悦，顾客得到了极大的心理满足，这也是一种"心理消费"。

2. 消费者购买产品的不同阶段

按照消费者购买产品的时间顺序，可以把消费分为购买前、购买中和购买后。要想带给消费者整体的体验，就需要从这三个阶段入手。关于这一点，美国哲学家约翰·杜威（John Dewey）在其1910年的著作《我们如何思考：杜威论逻辑思维》[1]中提到了决策过程的五个阶段，分别是：①问题和需求识别；②信息搜索；③替代品评估；④购买决策；⑤购买后行为。对应之前提到的购买前、购买中和购买后三个阶段，其实杜威只不过把"购买前"细化成了三个更详细的过程。

3. 学习笔记和心得

有人说，现在00后的消费者都是冲动消费和"无脑消费"，所以应该想办法找流量、做营销，忽悠他们，把东西卖出去才是王道。其实并非如此，即便是网络购物、线下冲动消费，消费者也会进行购买前的比较、购买中的感受，以及购买后的心理评估，只不过这个过程在现代社会变得非常短暂——过去消费者需要反复思考才会做决定，现在的消费者3秒钟就做出了决定。

---

[1] 《我们如何思考：杜威论逻辑思维》，英文书名为 *How We Think*，1910年出版，作者是美国哲学家、心理学家、教育学家约翰·杜威。

那么是什么让现在的消费者更快做出决定呢？其实很重要的一点是信任关系。举个例子，现在直播带货很流行，最开始是明星直播带货，为什么大家愿意买明星推荐的东西？因为信任，大家相信明星是珍惜自己羽毛的，不会乱推荐，也不会坑粉丝。但是明星直播带货鱼龙混杂，有些明星慢慢失去了大家的信任，业绩直线下滑。

之前大家热议的东方甄选的董宇辉直播带货成绩很好，为什么呢？也是因为信任关系，有人说他是知识型的主播，给人文质彬彬的感觉。他的直播间也不是那种"叫卖式"的，更像是给你讲课或者拉家常，这种信任关系一旦建立起来，消费者看到他推荐的商品，直接跳过了"购买前"的三个过程（问题和需求识别、信息搜索、替代品评估），也不会去查产品参数，更不会去比价，直接"闭眼入"。

同样的情况也发生在胖东来，胖东来靠诚信经营、优质服务积累了口碑，很多人逛胖东来也省略"购买前"的比较和纠结。"胖东来卖的就是好的""胖东来的价格不会贵""在胖东来不会买错"……这样的认知一旦形成，消费者做出购买决策就非常容易。在别的商场或者网上平台可能需要长时间思考、反复比价，但是在胖东来，因为品牌和信任关系，消费者可能直接跳过前面的几个阶段，直接做出购买决策。

再延伸一步来说，我们现在处于社交媒体时代，一个品牌想要有美誉度，想要被消费者信任，不是打打广告、做做营销就可以的。消费者的信任来源于厂家/商家的自我宣传，来源于身边人的评价和推荐，也来源于社交媒体上无数的舆论、分享和故事。做老板的，谁都知道管理品牌形象的重要性，但很显然，社交媒体时代的品牌形象不好管理，因为你管不住千千万万张嘴，那么唯一的办法就是踏实经营，练内功，让自己的品牌、产品和服务说话，一砖一瓦地建立消费者的信任。这比任何的明星站台、流量、投放都更有效，更持久。

■ **4. 躬身入局＋事上练**

不管你是做产品还是做服务，都可以按照"整体产品"和"整体体验"的思路，分析一下自己的生意。

说到产品，你的产品只是干巴巴的一个物品，还是说你可以给用户提供全方位的服务和满足感？假如你是一家科技公司的老板，你的产品是一款智能折叠跑步机，那么除了实体产品，你有没有免费的线上课程？有没有线上打卡的小程序？有没有用户社群？用户社群里有没有定期的免费活动？后续有新产品推出了，用户能否以旧换新？

说到服务，你的服务只是对上门的顾客笑脸相迎，还是说你完全站在客户的角度，想他之所想，急他之所急？假如你是一家健身房的老板，你是只在卖卡的时候对客户无微不至，还是说从最开始你就帮客户做分析，免费帮他进行体质测试，找出适合他的健身方案？顾客买了健身卡之后，你是否要经常提醒，并且帮他制订训练计划？对于工作比较忙的客户，你有没有线上社群，每天分享一些简单的无器械健身视频，客户即便不来健身房也能不中断训练？

只有产品和服务做到这一步，你才能真正帮客户解决需求，作为"回报"，客户会在心里给你或者你的品牌加分，下次再做选择的时候，他就更倾向于选择你的商品和服务。

■ **5. 更多学习资料：购买三阶段对应策略图**

如果把购买过程简化成购买前、购买中和购买后，图1-6罗列出了消费者在每个阶段最在意什么。作为企业管理者，你可以对照这些要求，检查自己的企业是否达标。如果达标，请在每项描述后的括号内打钩；如果不达标，请在括号内打叉。最后，请结合自己企业的实际情况，在旁边长方形的空白处填写后续改进方案。

购买前
1.所有商品都有详细的产品介绍　（　）
2.顾客咨询有专人接待　（　）
3.服务人员介绍非常清晰　（　）
4.同样的商品，顾客会优先选择你们　（　）
5.你们不靠打价格战赢得客户　（　）
6.你们的回头客非常多　（　）

改进方案

购买中
1.消费的环境令人非常愉悦　（　）
2.顾客感到被尊重　（　）
3.顾客对服务人员的评价很高　（　）
4.消费过程中出现的问题能很快被解决　（　）
5.退换货比例很低　（　）
6.客户投诉比例很低　（　）

改进方案

购买后
1.有专门的售后服务部门　（　）
2.有专门的售后服务预算　（　）
3.顾客投诉的问题能在7天内解决　（　）
4.顾客很少有二次投诉的情况　（　）
5.特殊情况下能提供上门服务　（　）
6.有客户资料和信息系统　（　）

改进方案

图 1-6　购买三阶段对应策略图

第三节 从宠物寄存到 7 种购物车 ——用细节服务征服消费者

关于服务，网上有一个定义很有意思，即"同行做到的叫义务，同行没做到的才叫服务"。胖东来之所以出名，跟它的优质服务有很大关系，因为它做到了很多同行没有做到的事。

举个例子，现在很多人爱带着宠物出门，比如散步或者逛街。如果逛到胖东来，狗没法进超市，怎么办呢？胖东来很贴心地设置了宠物保管箱，即人去超市买东西，宠物可以待在宠物寄存处。胖东来自助宠物寄存处如图 1-7 所示。

图 1-7　胖东来时代广场门口的自助宠物寄存处（摄影：刘杨）

自助宠物寄存并不是胖东来的发明，很多商场、购物中心都有这个设施，但是胖东来却将其做到了极致。仔细观察这个自助宠物寄存处，每个隔间都有专门的锁和钥匙牌，在寄存处上方，还有一个干净的顶棚，可以防雨防晒。在寄存柜旁边，有专门的宠物饮水机。为了保证卫生，还配有专门的消毒液和一次性宠物水碗。冬天的时候，寄存处还会用专门的皮帘子包裹，防风保温。如果你是一个养宠物的顾客，看到胖东来这样照顾自己的宠物，你对它的好感一定会油然而生。

其实，像宠物寄存处这种便民设施在胖东来有很多，比如网上讨论很热烈的胖东来的7种购物车。除了常见的手提购物篮、购物车，胖东来还提供小号购物车、双层购物车、儿童购物车和老年购物车等。其中，少儿购物车还分两种：一种是10个月到2岁的婴幼儿适用，一种是3~8岁的儿童适用，可参考图1-8。

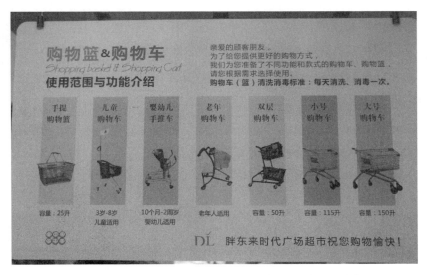

图1-8 时代广场胖东来超市提供的7种购物车（摄影：刘杨）

光有这些购物车还不算，胖东来对购物车的管理也很有一套。很多超市的购物车轮子不好用，推起来很重，有的购物车上还有之前顾客购物留下来的污渍、烂菜叶等。在胖东来，这些都不存在，所有的购物车（购物篮）都是干净的、完好的。

再以胖东来的卫生间举例，一般的卫生间就是马桶、洗手池这些，但在胖东来，有坐便清洁器、干手器、卫生间呼叫铃、宝宝尿布台、空气清新剂、洗手液、消毒液、女性卫生用品、棉签、护手霜、吹风机、梳子、啫喱水等。针对低龄儿童，设有"儿童马桶""儿童脚蹬"；针对孕妈妈和哺乳期妈妈，它有专门的母婴间，里面有"温奶器""宝宝体重秤""奶瓶清洁剂""奶瓶刷""调奶器""奶瓶消毒器""湿巾加热器""婴儿座椅""婴儿休息床""儿童坐便器""书报栏""尿布交换台"等设施[①]。关于胖东来母婴间，可参考图1-9。

图1-9　胖东来母婴间提供母亲和婴儿所需要的各种物品与设施（摄影：刘杨）

在服务业一直有这么一句话——细节是魔鬼。服务的细节既包括服务员对待顾客的细节，也包括装置和设备细节，因为超市这种地方，很多服务是客户自助完成的，为客户考虑得越周到，越能提升服务质量。

比如，现在很多超市在肉类生鲜区都贴心地为顾客准备了一次性手套，方便顾客拿取鲜肉。在胖东来，不但有一次性手套，还有湿巾、抽纸和手套回收处，四个盒子整齐地排列在一起，一次性手套方便顾客拿取鲜肉，湿巾和抽纸方便顾客擦拭清洁，最后的手套回收处又方便回收污染过的手

---

① 胖东来每个卫生间的构造不同，以上这些设施根据用途，分布在胖东来各门店不同的卫生间。

套。其实，这四个小盒子加在一起成本也不会超过 50 元，但是这种服务的细节带给客户的却是绝佳的消费体验，具体可参考图 1-10。

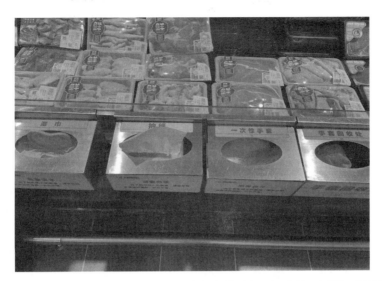

图 1-10　胖东来肉类生鲜区免费提供给客户的手套、湿巾等（摄影：刘杨）

生活中，并不是每个人都如此关注细节，拿取鲜肉的时候，有的人会戴上一次性手套，而有的人觉得无所谓，会直接用手拿。之前提到的卫生间设施，如吹风机、护手霜、啫喱水、棉签、梳子等物品，很多人其实也不会用，去卫生间只是简单洗下手，可能连这些东西都没有注意到就离开了。既然这样，为什么胖东来还要不厌其烦地准备这些东西呢？

两个原因：第一，保证最挑剔的人都能满意，这才叫把服务做到极致；第二，有些服务是基础服务，每个人都会接触到，比如收银服务，而有些服务是以防万一的，比如超市里的灭火器可能一年到头也用不到一回，可是一旦失火就有大用处。胖东来的很多服务设施就是为了保证应对各类人群、各种突发情况。

什么叫让最挑剔的人都能满意？举个例子，在胖东来超市的米面粮油区，有两个设施非常引人注目：一个是一次性手套盒，胖东来在明显的位置张贴标识提醒消费者,为了自己和他人健康,请勿直接用手触摸散装食品,拿取的话需要戴一次性手套。因为散装食品没有外包装,如果一个顾客的手不干净,拿取食品之后再放进箱子里,可能会引起交叉污染。另一个是置物台,方便顾客把食品摊开了检查。比如有的人买米的时候,会检查米粒是否完整,如果只是抓一把在手里,会看不清所有米粒的全貌。为此,胖东来准备了置物台,方便顾客检查。另外,把散装食品放置在置物台上,减少了手跟食品的接触,也可以在一定程度上防止交叉污染。

别小看这两个小设施,它提高了散装食品的卫生标准,更方便顾客购买。即便是对卫生要求很高、很挑剔的顾客,看到这样的设施、这样的环境,也会感到满意。关于胖东来米面粮油区的置物台和一次性手套盒,可参考图1-11。

图1-11　胖东来米面粮油区的置物台和一次性手套盒(摄影:刘杨)

什么叫应对各类人群和各种突发情况的服务设施呢?举个例子,在胖东来,有一种东西叫"爱心糖果"。听名字好像很高级,其实也就是把几颗糖果放在一个密闭的小盒子里。说到糖果,可能有人会觉得,现在都什么年代了，谁会吃商场这些免费的糖果？白给也不会要啊！但是想想看，如果一个人突发低血糖，需要糖果来救命，那么这些糖果是真的能派上用场。或者有家长带着孩子来逛街，当小孩哭闹不止时，可能一颗糖果就能让其喜笑颜开。所以，也许这盒糖果一年到头都没有发出去一颗，到年底过期了就要扔掉，但这个东西一定要有，这就叫"有备无患"——可以不用，但一定要有。关于胖东来的爱心糖果，可参考图1-12。

图1-12　胖东来为顾客准备的爱心糖果（摄影：刘杨）

再举个例子，胖东来为驾车的顾客准备了"汽车应急启动电源""汽车轮胎应急充气服务"和"更换汽车备用轮胎服务"。其实，这些都是典型的有备无患型服务，因为车主在停车场发生汽车电瓶没电、轮胎没气或者需要更换备用轮胎的情况很少见，可能一年也不会发生一回，所以大部分人不会享用这些服务，但是对于那些遇到突发情况的车主来说，比如车胎真的漏气了，车子没法开也没法去修理厂，这些服务就是雪中送炭。

除了对驾车顾客提供便利，胖东来也考虑到了大量骑电动车或自行车来购物的顾客的需求。以胖东来所处的新乡和许昌两地情况来看，骑电动车或自行车购物的顾客并不在少数。胖东来在服务上考虑得非常细致，夏天车子停在外面暴晒，座椅会很烫，于是，胖东来在停车区准备了凉水和抹布，供顾客给车座降温。服务能细到这个程度，胖东来真的是把服务做到了顾客的心里。这就是服务的细节，就是胖东来区别于其他商场的地方。关于胖东来给汽车车主、自行车或电动车车主提供的便利服务，可参考图1-13。

图1-13　胖东来为汽车车主、自行车或电动车车主提供的便利服务（摄影：刘杨）

如果深入观察胖东来，会发现很多这样的服务细节，可谓数不胜数。一个企业就像一个有着成千上万颗零件的精密机器，在每个环节每个零件上都需要思考如何优化、如何创新。比如上面提到的这种服务设施其实成本并不高，一盒糖果几元钱，一个手套盒十几元钱，一个应急电源几百元钱……把这些所有零零碎碎的小设备加起来，都远远比不上企业打一次广告花的钱多,但这些服务细节真正做到了顾客的心里,大家口口相传,效果比广告好成百上千倍。

说完了服务设施,再来看胖东来工作人员的服务有什么细节值得借鉴。以接待顾客为例,一般商场(或超市)要求服务人员接待顾客要热情周到,但到底怎么做才叫热情周到其实很难界定。在胖东来,关于接待顾客有非常具体的要求,叫"接一问二照顾三"。当员工正接待着顾客,又有新的顾客到来时,应该用目光先探询一下新到来的顾客需要什么,并主动打招呼。"您好,先随便看一下,有需要随时叫我!"如新到的顾客想看或想试某商品:①如原顾客尚未选定商品,须对原顾客说"您先看着",而后过来招呼新顾客;②如抽不开身,应对新顾客表示抱歉:"对不起,让您久等";③当接待"原先等待"的顾客时,应说"对不起,让您久等了"。①

"接待顾客"只是胖东来服务过程中的一个场景,有些顾客可能只是随便看看,不希望被打搅,有些顾客可能有具体的要求,比如要求退换货、登记需求(针对缺货商品)等。为此,胖东来在员工实操手册中把服务流程细化成九个部分,分别是:"顾客进厅时""顾客挑选时""顾客试穿时""顾客不购买时""顾客需求登记及回复""同城店调货标准""邮寄商品流程""微信号管理标准""区域退调货",②以上每个部分都有详细的操作规范和说明,讲得清清楚楚,非常便于员工操作。

到这里还不算完,胖东来在这个基础上对服务的话术也有要求,比如在工作环境内必须使用礼貌用语,如"不好意思,××现在暂时缺货,我帮您询问一下同城店有没有此款商品,如果有货,您稍等一下,马上安排人调货;如果没有货,请您留下联系方式,我们立即联系业务为您引进;

---

① 以上内容摘录自胖东来官网:"胖东来百科系统"《服饰部服装岗位实操标准》,2022年4月2日。
② 同上。

或者帮您挑选一款同类产品"[①]。

在服务上，胖东来强调全员服务，刚才讲的是营业员的服务细节。在胖东来，如保洁、收银员等岗位，除了做好自己的本职工作，也通过细节提升胖东来的服务品质。比如胖东来的保洁，胖东来在《超市部保洁员实操手册》中有非常明确的服务细节规定。

➡ 服务标准[②]

❶ 为顾客服务时主动、热情、态度随和、语调亲切、精神饱满，顾客到来时应面带微笑、主动问好或点头示意。

❷ 在推洗地机的过程中遇到前方有顾客时，面带微笑，准确尊称："您好，不好意思，麻烦借过一下，小心别碰着了，谢谢！"

❸ 在卖场内遇到特殊人群后，员工及时放下手中的工作主动上前接待顾客，为顾客推购物车或协助到收银台结账，帮助顾客送至出口处或交接给防损员为其服务，超出自身权限时，及时上报主管。

❹ 遇到顾客打碎弄洒物品时，主动关切地问候并查看顾客是否受伤，安抚顾客的同时帮顾客更换新的商品并处理地面卫生。

❺ 顾客有需求时应热心地给予帮助，如询问购买商品位置时，应主动热情地将顾客带领到所需商品位置，不能离岗的情况下，应委托其他员工将顾客带领到该商品区域，由该区域员工提供服务。

❻ 为哭闹的儿童及低血糖的顾客主动提供糖果。

❼ 卖场内遇到家长抱孩子准备在垃圾桶上便溺时，主动引领顾客到指定通道，为其准备儿童坐便器、纸巾和湿巾，面带微笑，准确尊称，"让孩子在此方便吧"，并告知顾客卫生间的位置。

[①] 以上内容摘录自胖东来官网："胖东来百科系统"《服饰部服装岗位实操标准》，2022年4月2日。
[②] 以上内容摘录自胖东来官网："胖东来百科系统"《超市部保洁员实操标准》，2023年9月8日。

❽ 看到不文明或不安全行为要礼貌劝阻，并告知正确行为，帮助其共同进步。

❾ 主动为顾客提供购物篮或推购物车，便于顾客购物。

❿ 外围员工要及时做好雨前防护工作，铺防护垫，备好伞袋机、接水桶，放置防滑提示牌，帮顾客套上伞袋或主动给顾客打伞，并提醒其"小心，慢行"。

⓫ 及时上前搀扶上、下台阶的老年人。

⓬ 发现顾客不舒服时立即上前询问，并将其扶到座椅上。

⓭ 在为顾客服务的过程中需要与其他员工长时间谈工作时，应做到：

（1）为正在接待的顾客完成服务。

（2）迅速招呼其他员工替岗。

（3）待替岗人员到岗后，向等待服务的顾客礼貌致歉，征得顾客同意后由替岗人员为顾客继续服务。

对于收银员，除了常规收银的要求，胖东来还有非常细致的"装袋标准"。看起来，这个标准非常"复杂"，但实际上，胖东来正是用对自己不厌其烦的要求达到给顾客提供最满意的服务的目的。一个连装袋都考虑得这么细致的公司，怎么可能不让客户交口称赞！

▶ 装袋标准

❶ 询问顾客是否需要购物袋，根据顾客购买商品的数量来选择袋子的大小。

❷ 将易碎的商品放于上面，商品要轻拿轻放，食品和日用品、生熟类商品分类装袋，容易出水、出油、海鲜、生肉类等商品单独给顾客用连卷袋进行包装。

❸ 顾客购买果冻类、水果类、熟食类等商品时，要求收银员根据顾客

需求主动发放必备物品（叉子、勺子、筷子、一次性手套等）。

❹ 如果购物袋出现破损，应向顾客致歉，并迅速、无偿向顾客提供新购物袋（发现袋子比以前薄及时上报主管，给予调整）。

❺ 顾客购买的商品如有瓶装以及商品过重的情况，应将商品套双袋，以免袋子破损。

❻ 液体商品装袋前要检查有无破损以及瓶盖是否盖紧，瓶盖朝上，从下往上套袋。

❼ 整箱礼品类商品要装袋，避免箱底破损。备注：结账过程中发现购物袋出现质量问题及时上报主管，并通知在岗人员进行排查、注意。

除了装袋标准，胖东来还考虑到装袋过程中更细节的问题，制定了装袋标准注意事项。

➡️ 装袋标准——注意事项[①]

❶ 根据顾客所购买的商品合理进行装袋，要做到轻拿轻放，如顾客选购的商品有冷、热，需要进行分类装袋。

（1）奶制品、冰糕等冷冻冷藏类商品需要与产生热量的商品分开装袋，避免商品变质或融化，同时要提醒顾客我们收银区域存放有冰袋可以供顾客无偿使用，防止因储存不当引起的客诉。

（2）顾客购买生肉、海鲜及熟食类商品，在装袋时给顾客进行单独装袋，避免商品串味儿。

❷ 顾客选购日用品时，需要单独使用购物袋或连卷袋进行装袋，避免因日用品接触到食品引起客诉。

（1）顾客购买消毒液、洁厕剂类商品，一定要单独进行装袋。

（2）顾客购买的女性用品（卫生巾、护理液、计生用品）用专用的

---

① 以上内容摘录自胖东来官网："胖东来百科系统"《超市部收银台实操标准》，2023年9月8日。

购物袋为顾客进行装袋。

（3）顾客购买的毛巾、浴巾、内衣类商品，需将商品叠放整齐后为顾客装袋。

（4）顾客购买刀具或锋利商品时，我们应用胶带或纸片等材料进行包装并做到温馨提示，防止因商品锋利划伤顾客。

（5）装袋时注意避开扫描仪，避免装袋过程中商品透过袋子扫到屏幕上给下一位顾客结算而造成工作失误。

❸ 过程中保持扫描数量、商品数量、装袋数量一致的原则。

以上列举的只是胖东来极致服务的冰山一角。每天有成千上万人光顾胖东来，每一次顾客和商品接触、和设备接触、和服务员接触都是胖东来为顾客提供细节服务的机会，这样细数起来，服务细节的数量可能要以万或者十万来计算。

当然，这么多的服务细节并不是一天建立起来的，一定是经过了漫长的积累和沉淀。胖东来经营了20多年，在这个过程中，一些好的服务细节、服务创新被记录下来，推而广之。可以明确的是，20多年前，胖东来刚刚成立的时候，服务的颗粒度肯定没法跟现在相比。是日复一日的经营活动给了胖东来"事上练"的机会。胖东来也并不是准备好了所有服务细节才开店的，而是一边奔跑一边调整姿势，而且这个过程是动态的，包括到现在，胖东来已经被很多人奉为零售界的天花板，它依然在优化服务，打磨服务细节。

同行的经验，顾客的合理化建议，也在帮助胖东来不断提升和改进。这就像一个武林高手，一方面自己修炼内功，另一方面也在吸收外界的营养和能量。更重要的是，这些服务细节并不只是展示给外人看的噱头，它是符合当地市场和胖东来经营需求的，同样的细节别的企业照抄过去不一定管用，这也是为什么市场上总流传一句话，叫"胖东来，你学不会"。

一般来说，容易学的是现有的服务方法、实操手册、服务管理办法，学不会或者很难学的是服务细节提升进化的机制。

照搬胖东来的服务是容易的，但难的是让这些服务在自己的企业落地生根。作为企业管理者，更应该思考的是如何打造服务细化的体系，如何培养一支边服务、边优化、边思考、边沉淀的服务人员和管理者，以及如何培养孕育细节服务的文化和土壤。

知识卡片和学习心得

1. 细节服务理论

日本学者佐藤知恭在《服务的细节：如何让顾客的不满产生利润》[①] 一书中提出了细节服务理论（Detailed Service Theory）的概念，该理论主要强调服务质量的关键在于细节，并提出了"细节决定成败"的服务理念。佐藤知恭也因此被誉为"日本服务学第一人"。

服务细节理论包括三点核心内容：①服务是由无数个细节组成的，任何一个细节都可能影响顾客的满意度。②顾客对服务的感知是主观的，他们会根据自己的经验和感受来评价服务质量。③细节服务可以给企业带来竞争优势，帮助企业在竞争中脱颖而出。

2. 如何优化服务细节

对服务细节的严苛要求并不是胖东来的首创，麦当劳创始人雷·克洛克提出了"Q·S·C+V"的经营理念。所谓"Q·S·C+V"，指的是质量（Quality）、服务（Service）、清洁（Cleanness）和价值（Value）。这实际上是在四个方面对服务细节提出了要求。比如高质量的产品，

---

① 佐藤知恭.服务的细节：如何让顾客的不满产生利润[M].王占平，译.北京：东方出版社，2012.

什么叫高质量，除了卫生、营养，在外观上，"麦当劳要求面包的标准直径为 3.5 英寸……麦当劳所有的面包都 17 毫米厚……麦当劳供应可口可乐都保证在 4℃；热红茶则必须控制在 40℃以上时才能销售"①。在服务上，"麦当劳还将传统的柜台改为特别设计的柜台，并规定这些柜台的高度为 92 厘米。据研究，人们无论高矮，在 92 厘米的柜台前，总是能最方便地把钱掏出来。这一措施大大缩短了顾客的等待时间"②。

对于企业经营者来说，优化服务细节可以从以下四个方面入手。

第一是找到关键细节点。一个企业想要优化服务，需要做的事情千头万绪，而企业的资源是有限的，可以先优化客户认为最重要的服务节点。比如一家儿童书店，家长反映阅览区的灯太刺眼了，考虑到孩子的健康问题，这就是一个关键细节点，需要马上进行优化。

第二是制定服务标准。不管是服务设施，还是服务人员的行为，都需要有一个固定的标准，比如有的商场洗手间提供温水，那么温水要保持多少度，这就是标准。服务人员处理客户退货问题，什么情况下免费退货，什么情况下不能退货只能调换货，这也需要标准，最怕的是让主管和服务员"自由发挥"，这样是做不好服务的，当然，也不可能有稳定的服务细节。

第三是加强员工培训。制度做得再好，不贯彻也没有用。比如胖东来的服务规章制度，它不是放在办公室里的文档，而是具体落实到了每个员工的身上。员工除了日常学习，还需要进行定期考核、小组复盘、部门讨论等，而且最好是能把服务质量与收入、晋升等挂钩。

---

① 程爱学，徐文锋. 麦当劳餐饮方法 [M]. 北京：北京大学出版社，2007.
② 同上。

第四是建立顾客反馈机制。有时候企业认为的服务细节消费者可能根本不在意，事实并非如此，企业应该多倾听消费者的反馈，优先解决大家共性的问题。顾客的意见不是对企业的攻击，而是帮助企业提升服务质量、优化服务细节的切入点。

3. 学习笔记和心得

胖东来服务做得好，好在它有细节但又不琐碎。我们可能都有这样的体会，逛商店的时候，服务员亦步亦趋地跟在你后面，一直问，"想看点什么""有什么可以帮到您""想买什么样的"，这种就不是细节服务，而是惹人厌烦的服务，琐碎的服务。

怎样才能让服务既有细节又不琐碎呢？

第一，分析顾客的需求，看服务能否给顾客带来价值。例如，在一个普通的超市，顾客就是来买东西的，他希望速战速决，但若安排一堆的导购，给顾客介绍这介绍那，这就不是服务了，更像是广告轰炸，这对顾客来说就没有价值。有的商场会请一些迎宾小姐，在门口欢迎顾客，这其实意义也不大。真要欢迎顾客，就把店内环境弄得舒适一点儿，让商品陈列整齐一点儿，服务员能做到有问必答，有问题能及时解决就够了，要把细节花在服务顾客以及解决顾客问题上，而不是所谓的"细节装点"上。

第二，优化服务细节不是一味地做加法，而是要把好钢用在刀刃上，把有限的资源用在关键节点上。比如，有的商场会安排大量服务员迎接顾客，从进门到上楼梯、进店，甚至走在商场中庭也有人指引迎接……这就本末倒置了。商场是营业性场所，应将精力放在提升购物的便利性和效率上，如增加指引标识、自动结账机和店面互动体验设施；或者用于提升顾客满意度，如增加售后服务人员、加快投诉处理速度、上门退换货等，而不是一味地做表面功夫。

■ **4. 躬身入局＋事上练**

学习胖东来的服务细节可以从两个方面入手：一是服务设施细节（硬件）；二是人员服务流程细节（软件）。

在硬件上，要做到三点：首先是"有没有"，其次是"好不好"，最后是"有没有办法改进"。举个例子，如果你也是开超市的，你的超市里有没有购物车？购物车干不干净，轮子是否顺滑，购物车有没有污损？在现有购物车的基础上，如何改进能更方便消费者（增加数量，改变摆放位置，增加购物车的种类，取消投币取车，有专人清洁管理）？

在软件上，也要做到三点：首先是定规矩，其次是重培训，最后是抓落实。定规矩既包括制定各岗位标准化服务流程文件，如《收银员服务流程手册》《前厅服务员工作手册》《迎宾服务流程手册》等，也包括制定跟服务有关的考评制度，如《服务人员考评打分表》《服务绩效评估表》《服务人员奖励晋升规则》等。重培训是通过集中学习、小组学习和个人学习，督促员工把服务细节、服务话术、服务标准跟日常工作相结合。培训的形式除了内部学习，还包括外部参观学习、线上学习等。抓落实包括在组织上要有专门的服务分管领导，各部门负责人是服务考核的第一责任人；在日常管理上，把服务和服务提升作为绩效考核的重要指标。另外，鼓励员工进行服务创新，一个部门若有成熟经验，要快速推广到全公司。

■ **5. 更多学习资料：商超服务细节检查表**

结合胖东来的服务细节，从硬件和软件两个方面检查自己的服务细节是否足够。对照自己的企业，如果图1-14中的描述你已经做到，可以在前面的括号内打钩；如果暂时还没有做到，可以打叉，通过这种方式，检查自己企业服务细节的情况。（图1-14针对的是商超企业，如果你是其他类型的企业，也可以参照图1-14，结合自己的实际情况，制作服务细节检查表。）

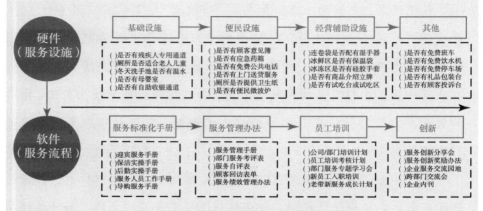

图1-14 商超服务细节检查表

第四节 公开进货价
——重塑服务价值链

有人说，商业从本质上说就是买和卖，即商家靠低价买入（进货）和高价卖出（卖货）赚取差价。在这个过程中，商家和消费者的信息是不对称的，如进货价格、商品质量、市场行情等信息，商家知道但消费者不一定知道，很多商家就是靠信息不对称赚钱的，所以，老百姓才会说"从南京到北京，买的没有卖的精"。

不过，胖东来却颠覆了这个"规则"。在许昌胖东来大众服饰[①]，胖东来直接在商品价签上标明进货价和毛利率。比如，一款名为"兰博基尼针织衫"的产品，进货价是45.9元，销售价是59元，毛利率是22.2%；一款名为"拼爵棉衣"的产品，进货价是168.3元，销售价是218元，毛利率是22.8%；一款名为"雄中汉王羽绒服"的产品，进货价是156.1元，销售价是199元，毛利率是21.58%。[②]2024年2月，胖东来新乡店因为公开进货价还上了热搜，原因是胖东来的一款羽绒服，进货价是498.7元，销售价是499元，毛利率仅为0.06%。网友发布的图片显示，该羽绒服为"爱妍色鹅绒服"，面料为聚酯纤维，产地为郑州市，等级为合格。除注明进货价和销售价外，价签上还注明以下内容："（进货价）含2%以内采购费用，不包含人事费用、房租、水电、损耗，以及运营产生的各项费用""源

---

① 胖东来大众服饰位于许昌市魏都区七一路，是专门经营服装鞋帽的商场。
② 资料来源：刘杨. 觉醒胖东来[M]. 北京：中国广播影视出版社，2023.

头直采"，价格标签的右下方还有"新乡市市场监督管理局监制"字样。①

对于这件利润只有3毛钱的羽绒服，网友们吵得不可开交。有人认为这绝对不可能，一件衣服利润率0.06%，这还不算房租、人工、水电，这样定价胖东来肯定是赔本的；也有人说，这是羽绒服清仓促销，通过低价吸引顾客，带动其他商品销售。为此，上游新闻记者通过电话联系了网友照片中提到的新乡市胖东来生活广场。工作人员表示，这个情况是属实的，挂着黄色价签的属于促销商品，让利比较多；挂着白色价签的则是普通商品。记者通过电话联系新乡市市场监督管理局，工作人员表示，降价促销属于市场行为。②上述新闻中出现的胖东来"爱妍色鹅绒服"价签，可参考图1-15。

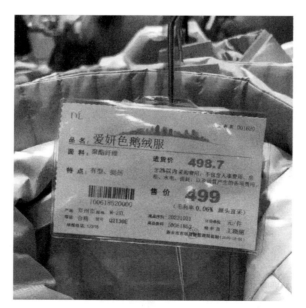

图1-15　胖东来爱妍色鹅绒服价签

图片来源："胖东来一件羽绒服仅赚3毛钱？回应：属实，让利促销"，《齐鲁晚报》，2024年2月2日，https://finance.sina.cn/2024-02-02/detail-inafqyak4353254.d.html。

---

① 资料来源："胖东来一件羽绒服赚3毛？回应：属实"，光明网，2024年2月2日，https://baijiahao.baidu.com/s?id=1789746360412027643&wfr=spider&for=pc。
② 资料来源：同上。

胖东来一些商品会有降价促销（或者买一送一等），这的确是事实。图 1-15 中，"爱妍色鹅绒服"挂的是黄色价签，这是商家降价促销的标志（一般商品挂白色价签）。促销商品可能不赚钱或者低于进货价销售，这也是合理的。不过，对于一般商品，胖东来的毛利率也只是维持在 20% 左右。这是公开的秘密，这个数字在胖东来创始人于东来的讲话中以及胖东来的公开资料中都得到了印证。

于东来在公开发言中提到，胖东来超市的整体毛利率是 22 个点左右。[①] 而在胖东来商场的显要位置，张贴了《服务对联营品牌毛利调整说明》，其中提到："目前我们的自营最高初始毛利是 20%，未来自营的初始毛利率最高不允许超过 25%，必须做到无暴利，保证顾客绝对信任、毫无担忧、轻松愉快地购物，保持非常健康的经营状态！"

20%~25% 对零售行业来说并不是一个很高的毛利率，因为扣除各种成本、折旧和摊销，企业最后的净利润可能只有 3%~5%。这么低的利润率，怎么维持胖东来的高标准服务呢？何况，胖东来素来以高工资闻名，普通员工的工资是当地平均工资水平的 1.5~2 倍，管理层更是能拿到百万年薪。[②]

赚得少，发得多，钱从哪里来呢？关于这一点，网络上也有很多讨论，有人认为胖东来之所以赚钱，是因为它形成了区域垄断；有人觉得胖东来能赚钱是因为供应链优势，胖东来集中采购，进货价比较低；还有人认为胖东来定位中高端超市，低价产品是诱饵，真正赚的是有钱人的钱。也有人说，胖东来有地方势力的支持，老板还有其他大家不知道的生意……

以上这些讨论，其实都经不起推敲，也都没有触及胖东来盈利的本质。

---

① 资料来源："【东来哥会议记录分享】胖东来是一所学校，而非一个企业"，"胖东来商贸集团"微信公众号，2021 年 12 月 20 日，https://mp.weixin.qq.com/s/Q8w9mVAE51Z-n9sEkQ9kaA。
② 资料来源：刘杨 . 觉醒胖东来 [M]. 北京：中国广播影视出版社，2023.

说区域垄断的，现在电商这么发达，同样的商品，贵一块钱消费者都能感觉得到，再说胖东来卖的也不是稀缺产品，根本不存在区域垄断的可能；说胖东来集中采购能把价格压低的，以胖东来的体量，根本没法跟京东、天猫这样的"巨无霸"相比，就是跟永辉这样的连锁零售品牌比，胖东来的进货价也没有优势；说胖东来定位中高端的，肯定是没有逛过胖东来，胖东来的商品是比较亲民的，尤其是开在新乡、许昌这种地方，地域就决定了它的定位。至于说到地方势力和其他不见光的生意，就更是无稽之谈了。那到底胖东来靠什么赚钱，它的利润又是从哪里来的呢？胖东来赚钱的方法，对于其他企业又有什么借鉴意义呢？

企业利润有个特别简单的公式，即企业毛利润（毛利）= 毛利率 × 销售量。怎么提高毛利呢？一个是提高毛利率，一个是提高销售量。胖东来"锁定"了毛利率，那就只能靠提高销售量。

所以，结论就很简单，胖东来的毛利率不高，但胖东来通过公开进货价、提高服务质量等一系列方法，大大提高了产品的销售量。

就在胖东来羽绒服上热搜前后一两个月内，有关胖东来的另外两条新闻也上了热搜，一条是"胖东来银饰区开启排号售卖！每日最大 400 号，7 天预约 1 次"[1]，一条是"胖东来茶叶柜台出现黄牛，一个号 600 块，老板出手整治"[2]。毫不夸张地说，2024 年春节前后，胖东来被顾客挤"爆"了，有些外地顾客没法去胖东来，甚至委托黄牛代为抢购。可见，胖东来的销量是实打实增加了。

但要特别注意的是，大家抢购胖东来商品不是因为它便宜，更不是因为清仓促销，而是因为其价格透明。胖东来茶叶爆火之后，很多业内人士

---

[1] 资料来源："胖东来银饰区开启排号售卖！每日最大 400 号，7 天预约 1 次"，《长江日报》，2024 年 3 月 2 日，https://baijiahao.baidu.com/s?id=1792402808419799789&wfr=spider&for=pc。

[2] 资料来源："胖东来茶叶柜台出现黄牛，一个号 600 块，老板出手整治"，网易新闻，2024 年 2 月 18 日，https://www.163.com/dy/article/IR8ALQ3405534KHT.html。

分析茶叶这样一个不温不火的品类为什么在胖东来会热销。大家分析得出的结论就是，长期以来，茶叶价格不透明，行业水很深，消费者经常被蒙骗，胖东来让茶叶的价格透明化，消费者信任胖东来，所以蜂拥而至。[①] 同样的情况发生在银饰区，银饰也是一个很不透明的行业，很多商家以次充好，漫天要价，然后再通过折扣、满减、促销等一系列营销手段吸引消费者。而胖东来的经营策略非常简单，明码标价，让市场透明化，让好产品自己说话，从而赢得消费者信任。这看起来是最笨的办法，却取得了非常好的效果。

当然，毛利不等于企业的利润，一般企业的利润指的是净利润，还要扣除经营过程中的各项成本和支出。胖东来公开进货价，让利率透明化，这首先降低了顾客的信任成本。所谓信任成本，是交易双方因缺乏信任而产生的额外费用。商品交易过程中的信任成本包括"信息搜寻成本""谈判成本（讨价还价）""履约成本""维权成本"等。简单来说，第一，因为消费者信任胖东来，所以他们反而不那么在乎价格，也不会为了买一个商品来回比价，而是选择直接购买。很多顾客逛过胖东来之后就变成了胖东来的忠实顾客，经常反复购买，从而提升了消费总金额。第二，因为交易双方信息比较透明，消费者买到的商品物有所值，所以退货和投诉减少了，这也为企业节省了开支。

胖东来不做广告，也没有店庆、满减、全场促销等活动。[②] 这一方面保证了利润率相对稳定，另一方面也帮助企业节省了大量的经营成本。我们可以算一笔账，比如 A 商场，平均毛利率可以达到 40%，但在节假日促销或者季末甩货、尾货清仓等活动期间，毛利率就会变成 5%，甚至 -5%，平均算下来，企业整体毛利率可能连 15% 都不到。此外，节日促销还需

---

① 资料来源："消费下行，胖东来茶市日营业额 20 万靠什么"，茶产业秘报，2023 年 12 月 17 日，https://mp.weixin.qq.com/s/QEZiVC7t83TBEZqTqdNghw。
② 胖东来有针对特定商品的促销活动（如买一送一、减价等），但没有商场整体的打折、促销等。

要配合市场营销计划、广告宣传等，这又是一笔不小的开支。而胖东来维持相对恒定的毛利率，反而更能保证利润率。

以上，一方面通过加快商品周转提高营业额和整体利润，另一方面节省各种不必要的开支和成本，通过开源节流的方法，胖东来不但实现了高人气，还实现了高效益。

现如今，商品流通渠道非常发达，传统商超企业既要跟当地同行竞争，又要跟电商、微商、直播带货、社区团购等线上平台竞争。在这种情况下，很多企业被迫卷入价格战中，最后赔本赚吆喝，又累又不赚钱。胖东来重新定义了价值链条——需要赚多少钱，钱从哪里来，如何心平气和又光明正大地赚钱。这种方法值得很多企业学习借鉴。

知识卡片和学习心得

1. 价值链理论

价值链理论（Value Chain Theory）是哈佛大学商学院教授迈克尔·波特提出来的。在《竞争优势》一书中，迈克尔·波特提出企业要发展出独特的竞争优势，要为其商品及服务创造更高的附加值，就需要将企业的经营过程拆解成一系列的价值创造链条，包括核心的生产与销售活动，以及采购、人力资源、技术等支持性活动。

价值链理论的基本观点是，在一个企业众多的"价值活动"中，并不是每一个环节都创造价值。企业所创造的价值，实际上来自企业价值链上某些特定的价值活动。这些真正创造价值的经营活动，就是企业价值链的"战略环节"。企业在竞争中的优势，尤其是能够长期保持的优势，说到底，是企业在价值链某些特定战略价值环节上的优

势。而行业的垄断优势来自该行业的某些特定环节的垄断优势。抓住了这些关键环节，也就抓住了整条价值链。[①]

2. 从价值链到"服务价值链"

在生产中增加附加值很容易理解，比如一些电子元器件，经过手机厂商的设计和组装，就成为最新款的手机。手机与原来的零部件相比，价值大大提升了，那么，设计、生产就是手机厂商的"战略环节"，也是核心竞争力。对于服务业来说，交付给客户的不是有形的产品，怎么增加附加值呢？到底什么才是服务业的价值链呢？

以胖东来为例，它做的主要是商品流通的生意，商品从厂家采购进来，然后加价销售给顾客。采购、运输、仓储这些都不会增加太多的附加值，真正有价值的——是上面提到的"战略环节"，就是销售，如何把好的产品匹配给需要它的顾客。

为了做好销售，首先，胖东来营造了非常好的购物环境；其次，通过优化客户体验地图和提供整体产品，带给客户好的购物体验，在价格上，产品利润率透明，赢得客户的信任；最后，通过服务员热情周到的服务，把商品交付给客户。这个过程听起来很简单，但其实就是胖东来服务价值链的核心。

3. 学习笔记和心得

结合服务价值链理论，本节提到的"公开进货价"可以从两个方面来理解。第一，定价并没有让企业提供的服务增加价值，不管定高价蒙骗消费者，还是定低价倾销货品，商品本身的价值没变，所以不需要在这里玩弄技巧；第二，合理的利润率、透明的价格反而让消费者的购物过程更愉悦也更放心，所以定价过程本身为消费者提供了价

---

① 资料来源：百度百科，"迈克尔·波特"词条，https://baike.baidu.com/item/迈克尔·波特/7856340。

值,也优化了企业的价值链。

除此之外,为了提升价值,胖东来一直在各个方面优化服务价值链。比如前文提到的优化环境、优化购物体验、优化服务细节等。需特别注意的是,有些服务价值链的提升需要多花点心思。比如"要求服务员热情周到服务",怎么要求呢?并不是老板多训几次话或者看管得严一点,而是切实保障员工利益。

胖东来的员工能拿到几倍于当地平均工资的薪水。高工资稳定了员工的心态,也激发了他们工作的积极性。有一句话叫"员工工资最高时,企业成本最低",高工资相当于用"较低"的成本,提高了服务链价值。

4. 躬身入局 + 事上练

随着各行各业竞争越来越激烈,靠信息不对称赚钱的生意越来越少了,企业真正应该考虑的是如何优化组织结构,调动员工的积极性,最终通过产品和服务为客户创造更多的价值。

举个例子,对于一家餐馆来说,企业核心的经营活动包括菜品研发、定价管理、原材料管理、客户接待、餐饮出品、厨余处理等,为保证核心经营活动,企业还要做好人力资源管理、技术和设备管理、采购管理、财务管理、经营场所管理等。作为企业管理者,应当思考哪些地方可以优化,如何才能带来价值链的提升。

比如,在菜品研发上,提供少油少盐的健康菜品选择,提供针对糖尿病患者、老人、儿童的菜品选择等;在定价管理上,也可以学习胖东来,公布食材的原产地、食材等级、采购价格、菜品分量等,让消费者明明白白消费;在客户接待上,结合客户的口味和身体状况,提供有针对性的菜品推荐服务;在餐饮出品上,利用低温慢煮技术,提前预制好部分半成品,加快出餐速度;等等。

5. 更多学习资料：企业价值链分解图

关于企业价值链，每个企业所处的行业不同，发展阶段不同，价值链条的构成也略有差别。不过一般来说，价值链包括企业"基本活动（链条）"和"支持活动（链条）"两部分。基本活动又叫主体活动，是指生产经营的实质性活动。支持活动又称辅助活动，是指为支持基本活动而存在的辅助性活动。

更细致划分，基本活动包括内部后勤（又称进货物流，包括与产品投入有关的进货、仓储和分配）；生产经营（将投入转化为最终产品的活动，包括加工、装配、包装等）；外部后勤（又称出货物流，是指最终产品的库存、运输、送货等）；市场销售（促进和引导消费者购买而进行的一系列活动，如定价、广告、宣传、销售渠道开拓等）；服务（是指与产品销售相关的增值服务，包括培训、维修、产品调试、零部件供应等）。

支持活动包括采购管理（原材料的采购，其他资源或者服务的采购，比如采购广告服务、采购培训课程等）；技术开发（包括生产技术的开发升级、运营系统/流程的开发、制定与升级、各种经营管理制度的建立等）；人力资源管理（包括职工的招聘、雇用、培训、考核，以及人力资源管理相关制度的制定与落实）；企业基础设施（硬性基础设施包括生产与服务所需要的各种场地、设施等，软性基础设施包括企业的组织结构、文化等）。

图1-16为某餐饮企业价值链分解图，先按"基本活动"和"支持活动"把价值链分成两个部分，每个部分再拆分出相应的环节（链条）。

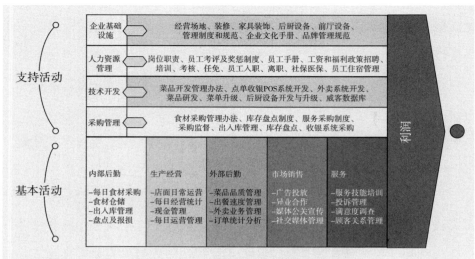

图 1-16　某餐饮企业价值链分解图

了解了企业的价值链，就了解了产品或服务的价值从什么地方来。企业之所以能赚钱，就是因为它带来了产品或服务价值的提升（也就是增值）。分析每条价值链，从价值链里找到改进的突破口，问价值链要效益，这才是企业经营的正道。

图 1-17 是企业价值链分解的空白图，你可以结合自己的情况，把企业经营的"基本活动"和"支持活动"填入空白处。然后结合这些价值链，逐条分析可以提高改进的办法。

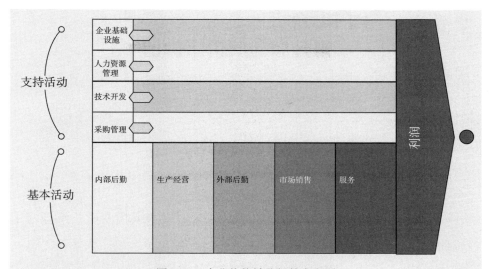

图 1-17　企业价值链分解的空白图

第五节 上门退换货
——提升服务的情绪价值

现在很多商场和超市都提供退换货服务，"不满意就退款"渐渐成了行业标准。而胖东来更进一步，提供"上门退换货服务"，其工作人员会主动上门，不用消费者再跑一次门店。

关于上门退换货，在胖东来内部资料《胖东来故事手册（一）》中记录了这样一个故事：电器部员工王秋平在一次盘存时发现，美的电饭锅 6.5 升和 5.5 升的实物与账面不符。发现这个问题后，电器部对所有购买这两种型号产品的顾客一一查对，最后发现有一位顾客购买的是 6.5 升美的电饭锅，但由于当时营业员的疏忽，错给顾客拿成了 5.5 升，而顾客并不知情。搞清楚情况后，王秋平安排了一名员工带着 10 元差价和一份小礼品登门向顾客道歉。当时顾客非常惊讶，说这是她从未碰到过的事。[①]

的确，这不仅是 10 元差价的事，顾客能从这件事里感受到胖东来的主动和真诚。上门退差价，不让客户吃亏，顾客心里一定是有感觉的，会产生某种特别的情绪。

无独有偶，在胖东来内部资料《爱的路上释放温暖的力量》中，记录了另外三件关于上门退换货的故事。

第一个故事跟一场婚礼有关。一对老夫妇到胖东来给新婚的儿子选购

---

① 资料来源：胖东来官网资料《胖东来故事手册（一）》"货发错之后"，电器部 王秋平。

皮鞋，因为儿子没有到现场试穿，服装部营业员赵培担心鞋子尺码不合适，特别叮嘱两位老人回去后让儿子试一试，不合脚可以调换。但因为筹备婚礼太忙了，新郎根本就没有好好试穿，直到结婚当天，才发现鞋子偏大，走路不跟脚。

赵培接到电话后，第一时间带上鞋子赶到举办婚礼的酒店，让新郎试穿了新鞋。这时候，新郎不知道怎么处理已经穿过一上午的旧鞋，赵培的回答是："别担心，这个我们自己处理，你只管开开心心地把心爱的姑娘娶进门，做个最帅的新郎就行了……"新郎激动地跟赵培说了三声谢谢。临走时，大爷和大娘使劲地往她兜里塞喜糖。看到他们一家人幸福的模样，赵培打心眼儿里为他们高兴，自己也感到非常幸福。用她的话说，"一双鞋子也许不算什么，但是能陪伴顾客走过生命中最重要的时刻，就算再普通的鞋子也是一份承载着爱意的珍贵礼物"[1]。

当然，并不是所有的退换货都如此顺利，电器部杨高萌记录了这样一个上门退换货的故事。[2] 有位顾客反映空调制热的时候噪声过大，杨高萌接待了她，并告诉她空调制冷和制热原理不一样，制热噪声大属于正常现象。客户对这个解释非常不满，认为自己当初购买的时候，服务员并没有解释清楚。第二天，杨高萌带着售后师傅到客户家上门检查，检查发现空调质量没有问题。客户购买的是定频空调，噪声比较大属正常现象。按说这个结果双方都应该接受，但是考虑到客户的感受，杨高萌主动向主管申请，为客户免费调换了一台静音变频空调（两台空调差价 600 元），客户不需要补差价。

为什么这么处理呢？并不是因为客户强硬的态度，而是杨高萌反思有两个地方做得不到位。第一是客户购买的时候，服务员介绍得不够详细，

---

[1] 资料来源：胖东来官网资料《爱的路上释放温暖的力量》"最帅的新郎"，服装部 赵培。
[2] 资料来源：胖东来官网资料《爱的路上释放温暖的力量》"东来一课"，电器部 杨高萌。

售前没有让客户充分了解各个机器的优缺点；第二是客户反映问题的时候，服务员处理问题比较着急，没有完整倾听客户的意见。用杨高萌的话说："既然前期工作没有做好，那么售后一定要做到让顾客满意才行。"

到这里，故事还没有完，杨高萌从这件事的处理中学到了很多，事后她还主动加了顾客的微信，真诚地跟顾客道歉。一来二去，两人还成了朋友，杨高萌意外收获了一份友谊。值得一提的是，后来杨高萌还参加了顾客的婚礼。

另一个故事不只是退货，还涉及 10 倍赔偿。2017 年 12 月的一天，有位女士在超市部购买了一瓶钙片，售价是 155 元，服务员杨晓晓特意叮嘱她，钙片要随餐服用。回家之后，这位女士出于好奇，想看看钙片里是什么结构，就咬开了一粒钙片，没想到却在钙片中发现一点类似塑料的东西。杨晓晓卖出过很多同样的商品，但这个问题她还是第一次遇到，她拿出各种质检报告给顾客看，还向顾客解释，在医学界，这叫"降解质未分解"，这种现象很少见，但并不是质量问题。然而这些解释顾客都不接受，一个电话投诉到服务台。按照胖东来的商品管理制度，如果在食品中出现异物要 10 倍赔偿，那瓶钙片的售价是 155 元，乘以 10 就是 1550 元。

杨晓晓真的就带着 1550 元和一份礼物到女顾客家里上门退货。女顾客住在新乡市下辖的延津县，离胖东来很远。杨晓晓一行人风尘仆仆赶过去。顾客见到杨晓晓非常惊讶，她本来只是想讨要一个说法，万万没想到胖东来会这样处理。杨晓晓也借助这次上门的机会继续跟客户解释，请客户不要因为这一次的小概率事件就否定胖东来所有的商品，也不要因为这一次赔偿不好意思再到胖东来。让杨晓晓意想不到的是，从那以后，这个顾客真的成了胖东来的忠实粉丝，还经常介绍身边的朋友逛胖东来。[①]

---

① 资料来源：胖东来官网资料《爱的路上释放温暖的力量》"一粒钙片的得与失"，超市部 杨晓晓。

从上面几个服务的案例可以看出，胖东来的上门退换货不仅关乎金钱和货品，更关乎情绪价值。本来顾客的预期只是顺利解决问题，但胖东来的做法超越了顾客的预期，不但各种问题都能得到解决，而且让顾客心生感动，极大提高了顾客满意度，也提高了胖东来的口碑。看似上门退换货会产生一些成本甚至损失，但这样做带给顾客的情绪价值是非常大的。

过去一谈到服务，我们最熟悉的词是"服务标准化""服务流程化"。比如，接待顾客的时候要保持什么样的微笑、按什么流程、用什么样的话术，但这种服务仅仅是停留在表层，真正能打动顾客的服务是"有温度的服务"，也就是能让顾客感觉到服务人员是真心在服务自己，真心在帮自己。

比如下面几个胖东来的服务案例，看起来，它们已经"超越"了服务应有的边界，但换位思考一下，如果我们是那个正在被服务的消费者，或是消费者的家属，可能感觉会完全不一样。

胖东来新乡百货的赵新平记录了一位保洁员的故事。这位保洁员名叫王锡芳，是胖东来百货三楼的一名普通员工。有一天，一位大娘颤巍巍地去洗手间。王锡芳看到了，很自然地上前扶住大娘，把她带到洗手间。（因为大娘行动不便）王锡芳帮大娘把裤子脱掉，等她方便完之后，王锡芳像女儿一样帮她擦了屁股，又帮她穿好裤子。赵新平开始以为这是王锡芳的母亲或亲戚，后来才知道，这就是一位普通的顾客，因为经常来胖东来就熟悉了，她的儿女都在外面工作，大娘得了偏瘫，行动不便，所以大娘和老伴来的时候，王锡芳都会毫不犹豫地帮助他们。每次大娘都很不好意思，王锡芳都会笑着说："没事，你就把我当成你的女儿一样。"[①]

毫不夸张地说，胖东来服务员做到了连亲生女儿都不一定能做到的事。这早已超越了服务员服务顾客的范畴，更像是被善意驱动的人性光辉。

---

① 资料来源：胖东来官网资料《胖东来故事手册（一）》"平凡创造感动"，新乡百货 赵新平。

类似的故事在胖东来还有很多，不少服务员和顾客成了朋友，成了亲人，有了超越买卖双方的情感链接。比如，超市部负责纸尿裤销售的王纪娟，因为工作关系，接触了很多孕妇。她发现很多孕妇不知道怎么挑选婴儿用品，有些腆着大肚子行动不方便，于是她主动加了很多顾客的微信（累计已经有160多位），每次有活动，她总会第一时间把好消息告诉她们，有时顾客不方便出门，她会帮她们采买，下班后给她们送到家。时间一长，彼此都比较熟悉了，每次顾客来买东西都会跟她打招呼。她们之间相处得就像家人一样随意、自然。①

　　超市部边丽佳负责宠物用品销售。有一天接待顾客的时候，顾客问了她一个关于宠物疾病的问题，她当时被问蒙了，因为这方面的知识她还没有深入了解，但她立马把顾客的问题记录下来，希望下次能告诉顾客答案。这件事也让她认识到自己在专业和经验上的不足，所以她动了养一只小狗的心思，这样她就能更好地了解狗狗的习性，也能更了解狗狗问题的来源，于是，一只可爱的小狗走进了她的生活。②

　　帮行动不便的老人上厕所，主动加顾客微信并送货上门，为了更好地服务顾客自己养一只宠物……这些服务在服务本身之外，提供了情绪价值。消费者能感觉到服务员的用心，服务员也在服务过程中跟消费者建立了深厚的感情。因为这样的服务，消费者更信任胖东来，对胖东来的整体评价也会提高更多。

---

① 资料来源：胖东来官网资料《爱的路上释放温暖的力量》"发现更好的自己"，超市部 王纪娟。
② 资料来源：胖东来官网资料《爱的路上释放温暖的力量》"宠物'专家'"，超市部 王纪娟。

知识卡片和学习心得

1. 情绪价值

"情绪价值（Customer Emotional Value）"一词来源于营销学领域，2001年，美国爱达荷大学商学院教授杰弗里·贝利（Jeffrey J. Bailey）提出了这一概念。他认为，情绪价值等于顾客感知的情绪收益和情绪成本之间的差值。用公式表示为：情绪价值＝情绪收益－情绪成本。其中，情绪收益是指顾客在购物过程中的积极体验，而情绪成本则是负面的情绪体验。

服务过程中的情绪价值是指服务传递给消费者的积极正面情绪。正面情绪能提升顾客的体验感，也能帮助企业赢得顾客的忠诚度。

2. 从功能价值到情绪价值

在消费领域，消费者会为两种价值买单：一种叫功能价值，也叫实用价值，这代表着商品（或服务）的功能或有用性；另一种叫情绪价值，也叫情感价值，这代表着消费者愿意为某种美好的情绪买单，因为某种正面情绪成为企业忠诚的客户，或因为某种负面情绪抛弃特定的品牌和产品。

美国心理学家保罗·艾克曼在1972年提出了人类的六种基本情感，分别是：愤怒、厌恶、恐惧、快乐、悲伤、惊奇。这六种情感中，惊奇和快乐是比较正面的情绪，而愤怒、厌恶、恐惧和悲伤是比较负面的情绪。服务的情绪价值就是提升客户的正面情绪，降低客户的负面情绪。

举个例子，客户刚买的电动汽车，开了不到100千米屏幕就黑屏了，客户为此感到愤怒，这是第一阶段的情绪。客户拨打了汽车厂商客服的电话，客服来回推诿，每次都不解决问题，客户为此感到厌烦、厌恶，更觉得愤怒，这是第二阶段的情绪。客户把自己的经历写成文章发表在社交媒体上，不久就接到了汽车厂商的电话，厂商威胁说他捏造事实，诋毁该品牌，要起诉他。于是，客户在愤怒和厌恶之外，还感觉到一点恐惧（害怕自己会卷入无休止的诉讼中），这是第三阶段的情绪。最终，双方对簿公堂，客户势单力薄输了官司，客户感到悲伤，觉得这个厂家辜负了自己的信任，这是第四阶段的情绪。因为厂家处理方式的问题，客户的情绪降到了最低点。按照上面提到的情绪价值公式，情绪收益几乎为零，而情绪成本却越来越高，最终这次消费对客户来说，情绪价值变成了负值。

3. 情绪的特点

情绪有几个特点。

第一，人的情绪是非常细微的。比如，顾客去一家高档商场，商场正在搞店庆活动，装饰得非常漂亮，顾客看到这些，心情是很愉悦的，但是进了商场的卫生间，发现水管爆裂，污水横流，这时候，顾客可能会皱一下眉头。这个情绪的变化是很细微的，污水可能会弄脏顾客的鞋子，但毕竟卫生间和消费不直接关联，一个卫生间有问题，可以换其他楼层的卫生间，所以顾客忍忍也就过去了。但忍忍不代表坏情绪就不存在，对于服务业来说，顾客细微的坏情绪就像一道裂缝，如果不加注意，可能会引发更大的问题。

第二，同一种类型的情绪会不断累积。比如，顾客刚刚从污水横流的卫生间出来，迎面撞上一个在商场里乱跑的小孩，小孩手里拿的牛奶洒在了顾客身上。这时候，不满的情绪就开始在顾客身上累积，对卫生间的不满和对乱跑小孩的不满会累加在一起，就很容易发火。

紧接着，顾客走进超市想买瓶可乐，可是发现货架上没有自己想要的那个牌子，于是就找服务员询问，服务员爱搭不理，一问三不知。这时候，顾客心中的不满再也压抑不住了，就会突然爆发出来。所以，客户的不满也好，投诉也好，不一定是客户受到了多大的委屈，更多的可能是情绪的累积。

第三，对很多人来说，情绪不是对事情本身的反应，而是对事情本身评判的反应。举个例子，很多人觉得因为堵车所以自己心情不好。其实堵车并不是让人心情不好的原因，有的人遇见堵车照样不着急、不在意，是对堵车的态度比较消极（觉得自己倒霉、觉得耽误了时间、觉得影响了自己的安排等）导致了情绪不好。所以，解决情绪问题要从两方面入手：一是解决存在的问题；二是解决客户对这个问题消极的看法。

4. 躬身入局 + 事上练

同样是服务，不同的做法可能带给顾客不同的情绪变化。举个例子，假设一位顾客拿着一把刚买了一天就坏了的雨伞来退货。顾客本身是非常讲道理的人。有A、B、C三位服务员，他们选择了三种应对方法。

A服务员的做法是，公事公办，按"三包"法规定给顾客免费维修，不收取额外费用；B服务员的做法是，非常生硬地告诉顾客是她使用方法不对导致了雨伞的问题，需要请示领导才能决定怎么处理；C服务员的做法是，先承认是自己销售过程中没跟顾客解释清楚才造成雨伞的损坏，同意给顾客换一把新伞（或者免费调换更高级的雨伞）。三种做法，会分别对应什么结果呢？

面对A服务员的做法，顾客可能随口抱怨几句，潜意识里不愿意再相信这家店，毕竟雨伞刚买一天就坏了，维修也不见得能恢复原貌。

面对 B 服务员的做法，顾客可能火冒三丈，会突然情绪失控，商家后续可能需要花更大精力和成本去平息。面对 C 服务员的做法，顾客可能会觉得很不好意思，主动承认自己也有责任，如果商家坚持要补偿，顾客心里可能会有些许歉疚感，会在店里购买其他商品，或者跟周围人宣传这个商家。

通过上面这个例子可以看到，很多商家在服务客户的时候，注重的是解决问题（比如到底是维修还是更换雨伞），而忽略了客户的情绪价值。A 服务员公事公办，看起来每件事都是照章办事，B 服务员按流程操作，凡事请示汇报，但顾客就是很不舒服。问题出在哪儿？"情绪"二字是问题的症结所在。

现在很多商家开始面对 00 后、10 后顾客，这些人更加注重购物的感受、体验和情绪。所以，重塑服务标准，把提升情绪价值放到一切服务的首位，是很多商家必须做出的考量。

■ 5. 更多学习资料：顾客情绪矩阵

优质服务的秘诀在于提升顾客的正面情绪，减少顾客的负面情绪。在工作中，可以结合行业和企业的特点来预判哪些事情可能会给顾客带来消极的、负面的情绪，哪些事情又会给顾客带来积极的、正面的情绪。通过顾客情绪矩阵，重塑流程，优化服务。

图 1-18 中，按情绪的面向和情绪的强度将其分成四个象限，包括了六种基本情绪。请把可能引发顾客不同情绪的行为、场景、环境、条件等列出来。比如，厌恶：

1）卖场环境不整洁，东西上落有灰尘，有卫生死角；

2）服务人员工作时间玩手机，对顾客的要求反应迟钝；

3）购物篮不能保持清洁，顾客不愿意用卖场的购物篮；

4）卖场里经常有小孩喧哗吵闹，影响顾客购物体验；

5）收银系统反应慢，顾客结账经常要等待很久；

6）服务台人手不够用，顾客换赠品及开发票需要等待很久；

7）退货流程烦琐，需要反复登记，电话核对，顾客对此感觉厌烦。

……

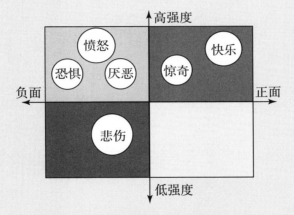

图 1-18　顾客情绪矩阵

对照顾客情绪矩阵中的六种情绪，彻底检查企业的环境、服务、流程等，看看每一种情绪对应着企业哪些情况和问题？对于那些导致负面情绪的问题，能否立即解决？对于能带来积极正面情绪的做法，能否更进一步，或者在企业内部推广？如果对顾客情绪缺乏把握，也可以通过问卷、访谈的形式，了解企业的设施、各环节工作带给顾客的真实感受，再结合顾客意见进行优化。

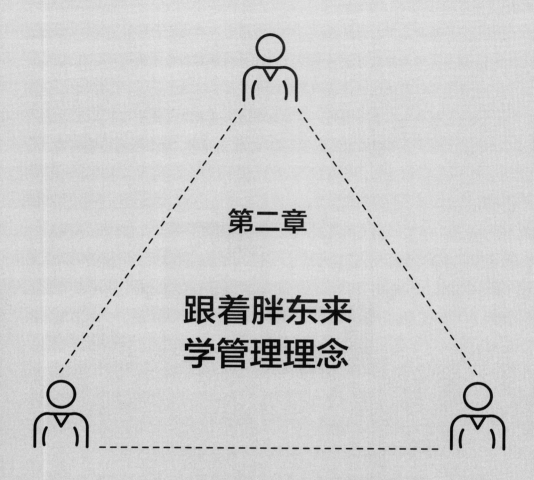

第二章

跟着胖东来学管理理念

　　火车跑得快,全靠车头带。现代企业想要发展好,也需要管理理念这个火车头。管理理念给企业发展指明了方向,也让企业各部门以及所有员工高速运转起来。遇到问题的时候,一方面快速把问题消灭在萌芽状态,另一方面通过发现问题、分析问题、解决问题,实现企业的不断迭代和自我进化。

第一节 极致服务的背后
——把硬管理和软管理结合来用

在管理学的定义中，人们把管理简化成三个环节：管人、管钱、管物。也就是说，人、财、物是企业管理的三要素。在这个基础上，会衍生出管理层（管理的实施者）、管理制度（管理的标准）、管理方法（管理的实操）、管理技巧（管理的艺术）、管理理念（管理的指导方针）等。

胖东来现在拥有上万名员工，年营业额100亿元左右，每天要接待几万甚至几十万名顾客。在这个复杂的体系中，它是怎么管理的呢？其实说到底，就是做好对人、财、物的管理。不过在管理中，胖东来把硬管理和软管理结合了起来。所谓硬管理，就是强调通过制度、规章和命令实现组织目标，比如制定并落实企业的各种规章制度、严格考核等；所谓软管理，就是通过激发人的内在动力实现组织目标。与硬管理相比，软管理更加注重人的情感、价值观和内在需求。

先来看看胖东来的硬管理。商超行业也算是劳动力密集型行业，这个行业依靠大量劳动力，对技术和设备的依赖程度比较低。在胖东来，服务人员每天都要跟顾客打交道，面对的场景和需要解决的问题也千差万别。在管理上，管理者不仅需要处理大量的员工关系（管人），还要确保员工提供的服务质量及其流程的有效性（管事）。这种双重职责客观上要求企业必须建立一套非常完善的制度，以制度管人、管事。

举个例子，如果顾客购物时，某款商品正好缺货怎么办？一般来说，服务人员需跟顾客解释缺货，有的商家还会登记缺货商品，但这些完全看服务员当时的状态，如果服务员特别忙，可能随便应付一下就过去了。而在胖东来，根据《服务管理制度》[①]，"顾客在本区域有购买不到的商品或商品缺货时，未积极查询或做好需求登记""需给予顾客电话回复的信息，未在规定时间内按标准给予顾客回复"是计入日常服务违纪的。对日常服务违纪的处理办法是"违反下述条款，一年内第一次违反对当事员工降学习期一个月，第二次违反任一条款降学习期三个月，第三次违反任一条款视为严重违纪，对当事员工解除劳动合同，将促销员调离胖东来所有门店"。也就是说，如果三次违反这个规定，员工会被解除劳动合同，如果是（厂家）促销员，会调离胖东来所有门店。可以说这是一种非常严格的处罚。

各种制度和硬管理保证了胖东来员工服务的标准化。服务不是看心情，也不是任由服务人员自由发挥，而是完全有据可依。当然，要做到这一点，就要求胖东来制定详细且严谨的规章制度，且覆盖员工工作的方方面面。另外，在制度执行上，要有严格的管理办法以及检查和考核标准，制度执行上也要落实到位。

在制度制定和执行上，胖东来具体是怎么做的呢？以对人的管理为例，根据胖东来官网公布的资料，胖东来对人员管理的制度主要包括两个方面：一方面是人事管理，包括员工入职、培训、考核、任用、离职、工资福利制度等；另一方面涉及个人工作标准和要求的管理，如安全管理、服务管理、各项实操标准、各项管理制度等。

在人事管理制度方面，胖东来官网2023年6月公布的《员工手册》[②]

---

① 资料来源：胖东来官网资料《服务管理制度》，2023年5月11日版本。
② 资料来源：胖东来官网资料《员工手册》，2023年6月21日版本。根据手册说明，此员工手册中的标准于2023年6月1日正式执行。（编者注）胖东来官网资料定期更新，本文选取的资料为2023年6月21日版本，后续还有更新，特此说明，下同。

中主要有八个方面的内容，分别是录用制度、合同管理制度、纪律制度、工时制度、薪酬制度、学习期制度、假期制度和福利制度。为了便于理解，特别摘录部分内容，并加以分析。

▶ 在录用制度上

胖东来提出七个招聘标准，其中，熟知胖东来企业文化理念是首要标准。在面试环节，面试者还需要对企业文化理念进行阐述。

（1）学习和熟知胖东来企业文化理念，有一定认知和思考并真诚地认可和喜欢，在面试环节中对企业文化理念进行阐述，不能熟知和了解的，视为不符合招聘标准，将不予录用。

（2）真诚、善良、乐观、性格开朗、亲和力强。

（3）热爱生活，有良好的生活习惯和行为习惯。

（4）身心健康、五官端正、语言表达清晰、无不良嗜好和记录、无明显文身。

（5）年龄：18~35周岁；专业技术岗位年龄放宽到40周岁。

（6）身高：女，1.60米以上；男，1.70米以上。

（7）学历：员工——高中同等学力及以上文化程度。

（网上提到胖东来招聘员工不要求年龄，不要求学历，看起来，这些内容与胖东来真实的情况是不符的。胖东来招聘有非常明确的标准，并且这些标准是有文字记录的，便于人事部门执行。）

▶ 在年休假标准上

工龄满一年员工年休假标准：

1.可享受每年30天带薪休假：截至上年12月31日工龄满一年的；

2.年休假允许拆分休假，时间按天计算，不足一天按一天计算。

新员工年休假标准：

新员工工龄满一年后安排年休假，当年剩余月份年休假按月计算。

孕休上岗人员年休假标准：

孕休上岗的，上岗满一个月后安排年休假，当年剩余月份年休假按月计算。

年休假安排期限：

各部门年休假于每年12月31日前安排完毕。

年休假手续：

申请休假时，由本人在胖东来家园系统提交休假申请，由部门直接主管审批。

年休假待遇标准：

休假期间，工资奖金照发。

（网上有传言说胖东来员工年假100天以上，不休年假可以折算成工资。对照上面这个制度，可以看出，这些传闻都是谣言。）

■▶ 在违纪处理流程上

关于员工违规违纪行为，胖东来官网于2023年5月公布的《管理制度总则》[①]中有非常明确的规定。

一、轻微、较重违规违纪行为的处理

（一）员工定期对本人违纪事实进行签字确认；员工对处理有异议的，可在2日内向部门主管提起申诉，部门主管认真核查，在2日内处理完毕。

---

① 资料来源：胖东来官网资料《管理制度总则》，2023年5月11日版本。根据文件说明，《管理制度总则》自2023年5月20日起实施。

（二）部门对员工签字确认违纪材料审核并存档。

（三）部门主管在巡场系统中提交违纪事实并系统公示。

二、严重和视为严重违纪行为的处理

（一）部门出具违规违纪事实书面报告。

（二）部门对员工违规违纪行为予以核查、认定，提出处理意见。

（三）经公司工会审批通过后，下达《事实调查确认单》，通知被处理员工本人。

1.《事实调查确认单》包括下列内容：

（1）被处理员工的门店、工号、姓名、调查日期、岗位等基本情况；

（2）主要违规违纪事实（发生时间、发生地点、事件经过）；

（3）处理结果；

（4）不服从处理决定的申诉期限和途径。

2. 受处理的员工对处理决定有异议的，可以在收到处理决定书之日起3日内，向公司工会或做出处理决定的部门提出申诉。

3. 员工对处理决定提出申诉的，公司应对员工申诉的事实和理由进行认真核查，在一个月内处理完毕。

（四）公司工会要做好员工违规违纪处理的监督。

（五）将处理违规违纪员工相关材料归入人事档案。

（六）部门主管在巡场系统中提交违纪事实并系统公示。

（之前，有人声称自己是胖东来员工，被恶意处罚，结合上述内容来看，关于违规违纪处罚，胖东来有很严格的流程和标准。至少"有规可依"，而且员工也可以对处罚进行申诉，所以被恶意处罚的可能性不大。）

在对工作标准的要求上，胖东来的规定就更加细致了。比如，针对员工的安全管理制度，分为严重安全违纪制度、较重安全违纪制度、重点安全违纪制度和一般安全违纪制度。四类总计 128 条。篇幅限制，特截取部分规定。

一、严重安全违纪制度

（违反下述任一条款，经调查属实视为严重违纪，对当事员工解除劳动合同，将促销员调离胖东来所有门店，造成事故的根据安全委员会的事故调查结果，对责任主管给予免职。）

1. 未经电力部门审批私自对外供电。（责任主管连带降一级三个月）

2. 未经消防部门审批私自用电或给电动车等非电子设备充电。（责任主管连带降一级三个月）

3. 未经消防部门批准，工作区域内使用明火。（责任主管连带降一级三个月）

……

二、较重安全违纪制度

（违反下述条款，一年内第一次违反降学习期一个月，第二次违反相同条款视为严重违纪，对当事员工解除劳动合同，将促销员调离胖东来所有门店。）

1. 在非重点防火位置的工作区域及经营场所周边等易引起安全隐患和住户投诉的场所吸烟。

2. 未按照操作规程、注意事项使用设备。（造成损失照价赔偿，责任主管连带降一级一个月）

3. 夜间 24 点前电源开关二维码未按标准填写提交。（责任主管连带降一级一个月）

4. 送宾后未按规定时间断电离场。（责任主管连带降一级一个月）

……

三、重点安全违纪制度

（违反下述条款，一个月内第一次违反对当事员工扣除相应分数，第二次违反相同条款降学习期一个月，第三次违反相同条款视为严重违纪，对当事员工解除劳动合同，将促销员调离胖东来所有门店。）

（一）设备管理

1. 充电设备未在指定地点充电。（扣 50 分）

2. 未经后勤部门审批随意变更、处理设备。（扣 50 分）

3. 未经设备、消防、电力部门批准私自增加、使用电器设备。（扣 50 分）

4. 设备周围摆放杂物、企划形象未按标准粘贴，影响设备安全运行。（扣 50 分）

……

四、一般安全违纪制度

（违反下述条款，一个月内第一次违反对当事员工扣除相应分数，第二次违反相同条款扣 50 分，第三次违反相同条款降学习期一个月，第四次违反相同条款视为严重违纪，对当事员工解除劳动合同，将促销员调离胖东来所有门店。）

（一）设备管理

1. 设备标识牌信息与设备信息不符。（扣 20 分）

2. 夜间不断电设备二维码巡场记录未按标准填写提交。（扣 20 分）

3. 未申请人员滞留、离场信息。（扣 20 分）

……

在服务管理上,胖东来同样有非常细致的规定。很多人觉得胖东来服务好,服务人员素质高,其实对照一下胖东来的《服务管理制度》,这些只是服务员的基本功,达到了是合格,达不到则需要解除劳动合同,轻则需要降学习期三个月。

胖东来官网2023年5月公布的文件《服务管理制度》[①],针对服务的违纪分为较重服务违纪、日常服务违纪、针对服务供应商或其他外来人员的违纪、服务(内部)员工的违纪等,共计36条。

这份规则细到什么程度呢?比如,较重服务违纪第四条"任何部门在接到顾客咨询电话时,无论是否与本部门业务有关,没有主动、积极为顾客解决问题,相互推卸责任、相互扯皮"。较重服务违纪处理办法为"一年内第一次违反对当事员工降学习期三个月,第二次违反任一条款降学习期六个月,第三次违反任一条款视为严重违纪,对当事员工解除劳动合同,将促销员调离胖东来所有门店"。也就是说,如果有服务员对客户比较敷衍(不管是主观原因还是客观原因),都会受到严厉的处罚。

以下是日常服务违纪的一些规定:"……顾客结账时未做到唱收唱付,在交易结束后未双手把现金、小票及各类卡品交于顾客手中,未提醒顾客拿好自己的物品保存好小票;现场加工类商品未告知顾客加工时间,未及时询问顾客的特殊需求;现场加工类商品口感不达标,未主动向顾客致歉、未重新为顾客制作……"日常服务违纪的处理办法为"一年内第一次违反对当事员工降学习期一个月,第二次违反任一条款降学习期三个月,第三次违反任一条款视为严重违纪,对当事员工解除劳动合同,将促销员调离胖东来所有门店"。

在服务上,胖东来对服务人员有非常严格的要求,这些要求既有服务

---

① 资料来源:胖东来官网资料《服务管理制度》,2023年5月11日版本。根据文件说明,《服务管理制度》自2023年5月20日起实施。

流程上的，也有服务标准和服务态度上的。因为有制度标准，所以服务质量的好坏非常容易考核。当然，如果违反规定，惩罚也很严厉。

同样地，对财务管理（钱）、货品管理（物），胖东来都有相应的文件，规定表述非常清楚，要求也非常严格。

先来看财务管理。胖东来《财务管理制度》[①]包括两部分内容，分别是收银管理制度和财务管理制度。在《财务管理制度》最开始的说明中，明确提到了（这个制度）是为了保障企业健康运营，保证公司财务的规范与安全，科学地规避风险。

如何做到这些呢？以收银管理制度为例，它规定了收银严重违纪和一般违纪，以及对应的处理办法。收银严重违纪包括"在岗时身上携带现金、提货卡、家园卡、银联卡；将现金、票据放在钱箱、抽屉以外，备用现金未及时收起；现金票据入钱箱前没有点清核实"等；收银一般违纪包括"现金未当顾客面进行核对，导致多收或漏收顾客钱款；顾客刷卡过程中出现异常，未及时帮助顾客登记解决；在规定时间输票，未准确无误地录入；丢失收银存根小票"等。

再来看货品管理。胖东来有严格的商品管理制度[②]，包括《商品质量制度》《商品管理制度》《商品部管理制度》等。在《商品管理制度》上，"商品款型、颜色未及时出齐""未按规定时间段试吃商品""试用装商品出现空瓶""商品断货、缺货未摆放指示牌"等都会被视为商品管理一般违纪。在《商品部管理制度》上，"私自接受厂家或供应商安排的宴请、旅游、参观、学习等其他外务活动""私自带走、销毁公司资料或电子文件，打听、议论、泄露公司商业机密"等被视为严重违纪，一经发现，"对当事员工解除劳动合同，主管负连带责任降一级一个月"。

---

① 资料来源：胖东来官网资料《财务管理制度》，2023 年 5 月 11 日版本。
② 资料来源：胖东来官网资料《商品管理制度》，2023 年 5 月 11 日版本。

对商品和商品部的严格管理既保证了胖东来商品的质量，也保证了商品在采购、仓储、上架、销售过程中的规范，极大地提高了胖东来的运营效率。

值得一提的是，除了管理内部员工和内部流程，胖东来对于外部合作、供应商、建筑施工等也有严格的制度规定。以建筑施工为例，胖东来有专门的《胖东来商贸集团安全施工手册》[①]，详细规定了施工前准备、施工现场管理、责权划分、施工安全管理制度、应急预案、消防部施工标准、电力部施工标准、保安部施工标准、维修部施工注意事项、保洁部施工标准及要求、各部门验收标准等，一共近40页、25000多字。这份管理文件细到什么程度呢？在电气设备要求中，胖东来要求"夜间施工必须准备临时灯，否则视为不具备夜间施工能力，禁止夜间施工（临时照明灯具严禁使用碘钨灯、白炽灯，须使用LED新型节能灯具，并固定使用）；若需开启顶灯时，需要夜班店长同意后方可开启。所有灯具及用电设备必须提供产品合格证、使用说明书及生产厂家（生产厂家名称及地址、产品型号、产品主要技术参数、商标、制造日期及产品编号、执行标准、质量检验标志等信息齐全）"。

对建筑施工的严格要求既可以保证施工的安全，也可以保证施工的质量，这两点都直接跟胖东来的成本和效益挂钩。

以上列举的都是胖东来的"硬管理"。硬管理的优点是标准一致，便于统一，而缺点是过于僵化，不近人情。胖东来面对的客户是普通老百姓，而执行这些规定的又是最基层的员工，所以如果只能在制度范围内活动，企业就会失去活力。于是，胖东来又在硬管理之外，推行了很多软管理，作为对硬管理的补充和提升。

所谓软管理，并不是"看人下菜碟"，更不是"上有政策下有对策"，

---

① 资料来源：胖东来官网资料《胖东来商贸集团安全施工手册》，2023年5月6日版本。

胖东来的软管理可以形象地概括为三句话——"往前走一走""往里看一看"和"往上跳一跳"。

什么叫"往前走一走"呢？就是要求员工在符合各种要求和制度之外，还能结合当时当地的情况灵活处理，以满足顾客的要求，甚至超越顾客预期。胖东来服装部刘艳记录了这样一个服务顾客的故事。

2018年冬天，刘艳接待了一对穿着朴素的老年顾客，老人在胖东来买的羽绒被因为电热毯漏电被烧了一个洞，想让胖东来给想想办法。按照胖东来的服务制度，服务员只要热情接待顾客，积极联系厂家处理就算"达标"了。可问题是，厂家反馈说，羽绒被是批量加工的，无法完成一条被子的修补和再加工。

按普通人的想法，被子破了，厂家没法返修，那就帮客户打个补丁将就着用，也就算解决问题了，但刘艳发现这个被子是箱式锁绒的，被子是由几十个小格子组合而成的，每个小格子里都有特定数量的羽绒。一个地方被烧坏，这个地方的羽绒就没有了，打上补丁也是空的。最后，她们想到了最复杂的办法，那就是从其他每个小格子里取一点绒，汇聚起来，最后填充到这个烧坏的格子里。这个事说起来简单，操作起来烦琐，仅取绒这一项工作，她们柜组就忙了整整四天。后来，她们又花了一个下午现场充绒。最后，她们把一条修复好的羽绒被还给了老人。老人感动地说："这条被子也就是在你们这儿能想办法帮我解决。"①

从这个故事中我们可以看到什么呢？本来能做到80分的事情，胖东来鼓励你做到100分，甚至120分。这不只是企业理念的问题，在管理上，要保证员工有充分的"冗余时间"才能实现这一点。想象一下，如果这个柜台特别忙，或者有特别大的业绩考核压力，试问这些员工还能花四五天的时间提供这样的服务吗？肯定不能。企业想要员工"往前走一步"必须

---

① 资料来源：胖东来官网资料《爱的路上释放温暖的力量》"最美的邂逅"，服装部 刘艳。

给员工留一些工作弹性，不能让员工的工作过于饱和。反观现在很多企业，给员工安排工作时，工作量是 100%，甚至 120% 的饱和度，这种管理方法就很难让员工有超越预期的表现。

看明白了这一点，就很容易理解胖东来在软管理上的具体做法。据《每日经济新闻》报道，2023 年 12 月 28 日，胖东来宣布（茶叶超市）员工将提前 3 小时下班引发关注。胖东来创始人于东来在直播中表示："茶叶部门以前可能只是卖个四五万块，现在一天可能就卖到了二十多万，太高了，人的劳动强度太大了，太辛苦了，增加人吧，害怕等到热度下去了，人没办法安排。我就压缩上班时间，提前关门，太累了，时间久了他会生病的，这样他的工作质量也会下降。"① 时隔两个月，2024 年 2 月 29 日，据《河南商报》报道，因为爆火后客流太大，胖东来银饰区提前 4 小时下班，部分银饰暂停销售。记者以顾客身份就上述问题致电胖东来，工作人员称，目前银饰柜台的营业时间为上午 9:30 至下午 5:00。②

对一般企业来说，顾客越多越好，人越多柜台营业时间越长。但在胖东来，因为要达到特定的服务标准，就要给服务人员留下充分的时间弹性，所以反而要早下班。早下班影响业绩了吗？也许当天的销售额变少了，但是长期来看，因为服务人员能更好地开展工作，消费者对胖东来更认可，购物的人反而会增多。事实也的确如此，2024 年 3 月 2 日，"胖东来商贸集团"微信公众号发布"胖东来珠宝经营调整公告"，从 2024 年 3 月 3 日起，银饰区采取排号售卖制，每日最大限 400 号，每位顾客七天可预约一次。③ 2024 年 3 月 7 日，"胖东来商贸集团"微信公众号发布"胖东来

---

① 资料来源："胖东来宣布员工将提前 3 小时下班冲上热搜！于东来：时间久了，他会生病的！网友热议"，《每日经济新闻》，2023 年 12 月 28 日，https://m.nbd.com.cn/articles/2023-12-28/3186650.html。
② 资料来源："爆火后客流太大！胖东来：银饰区域提前 4 小时下班，部分银饰暂停销售"，《河南商报》，2024 年 2 月 29 日，https://new.qq.com/rain/a/20240229A04NGP00。
③ 资料来源："胖东来商贸集团"微信公众号"胖东来珠宝经营调整公告"，2024 年 3 月 2 日。

茶叶超市线上排队公告"，同样规定要预约才能购买。① 别觉得这是饥饿营销的噱头，给员工留出"往前走一走"的空间，是一种高级的软管理办法。

那什么叫"往里看一看"呢？很简单，就是通过问题反思工作中的疏漏，找到提升工作效率或工作水平的办法。大家都说胖东来服务细致，服务水平高，这样的服务细节难道都是胖东来的老板于东来一个人想出来的吗？胖东来开门的第一天就已经达到这样的服务水平了吗？肯定不是，胖东来之所以有今天，是因为它在实践中不断完善，在经营中不断迭代，边做边思考，边做边学习。在"往里看一看"的过程中，很多好的方法被记录、被固定下来，成为现在胖东来优质服务的一部分。

举个例子，胖东来医药部的曹苗苗记录了这样一个故事。有一天，一位阿姨来购买片仔癀，一粒片仔癀药量是 3 克，但是阿姨每次需要的用药量是 0.3 克，所以她希望服务人员能帮她把 3 克的药等分成 10 份。3 克药本来就很少，要打散变成粉末再分装成 10 份的确非常困难，0.3 克在中药的电子秤上都不显示，最后服务人员还是靠"老古董"天平秤才解决了称重的问题，用了整整一上午才完成了分装。看起来，这个故事有了一个完美的收场。

但其实故事还没有完，处理完顾客的难题，大家还会"往里看一看"，从偶然的一件事情里发现普遍性的问题和规律。大家发现患者的确经常遇到分装药品的问题，很多人在家服用药品时只能靠大概估算，这样的用药方式存在很大的安全风险。为此，医药部购进了精准的电子分析天平（可精准到 0.01 克），又在研磨、分装的很多细节上做了改进和调整，这样一来，不但称重更加精确，也能把分装时的损耗降到最低。②

以上就是一个典型的服务优化案例，不是于东来教大家怎么做，也不

---

① 资料来源："胖东来商贸集团"微信公众号"胖东来茶叶超市线上排队公告"，2024 年 3 月 7 日。
② 资料来源：胖东来官网资料《爱的路上释放温暖的力量》"研磨的是药，传递的是情"，医药部曹苗苗。

是经理和班组长拍脑袋搞出的创新，而是一线员工在工作过程中，从顾客的需求出发找到的服务最优解。

基层员工为什么能创新？不是胖东来的服务员比其他超市的服务员聪明，而是企业给员工创新提供了沃土——鼓励员工反思总结，采纳员工合理化建议，好的办法全企业推广，创新故事被记录下来并作为企业文化全员学习。这些从管理学的角度来看，就是鼓励员工"往里看一看"和"事后想一想"，鼓励每个人都成为企业管理的参与者和推动者。

最后，再来看什么叫"往上跳一跳"。管理一个企业，难的不是管具体的事，而是管人心。正所谓"人心齐，泰山移"，企业管理的最高境界不是"管"而是"激发"，不是告诉员工应该怎么做，而是让员工自己思考应该怎么做。一旦员工的积极性、能动性被调动起来，那么这个企业就会爆发出巨大的能量。

如何激发员工呢？很多企业管理者不了解这种软管理方法，很容易把激励员工变成"画大饼"——只给员工描述不切实际的未来，或者有些企业把激励员工和奖金画等号。奖金对销售和业务部门来说有一定的效果，但如果全员推广，很容易让员工形成单一目标导向的价值观——跟钱有关的事才做，跟钱没关的事不做或者少做。

在胖东来，激励员工靠的是自上而下的价值观。在胖东来的企业文化里，涉及价值观部分是这样表述的："懂得创造和享受时光的美好；逐步地用科学理性的方法改变奴性，培养健全的人格，成就阳光个性的生命。"[①] 那么，什么叫培养健全的人格，成就阳光个性的生命呢？胖东来的员工又是怎么理解和贯彻这些内容的呢？贯彻了这些对服务、对业绩、对整个企业真的有帮助吗？

医药部付萍萍记录了"一台血糖仪"的故事。通过这个故事，也许上

---

① 资料来源：刘杨. 觉醒胖东来[M]. 北京：中国广播影视出版社，2023.

述这些问题我们都能找到答案。一位大姐家的血糖仪（不是在胖东来购买的）出了故障，想问问胖东来能否维修，付萍萍按照售后维修流程进行登记，并热心地帮她联系了返厂维修。等到拿机器的时候，这位大姐认为这台修好的机器并不是自己的。付萍萍赶紧查看《顾客维修登记本》并核对机器编号，还和厂家核对，最后证明的确没有搞错。但是大姐就是不认。付萍萍感到很委屈，她觉得"本来就不是在我们这儿买的机器，我们帮忙维修，还……"这时候，主管正好路过，他让付萍萍拿一台新机器给大姐，最后大姐高兴地拿着新机器离开了。这件事困扰了付萍萍一个下午，最后她还是忍不住给主管打了电话。主管说："遇事我们要站在顾客的角度考虑，让顾客满意。当时咱们只是记录了机身号，并没有和顾客确认，是我们的流程存在问题。今天虽然她拿走了一台新机器，但是她很满意啊。"主管讲到这里，付萍萍的心结才彻底打开。因为这个小波折，医药超市完善了售后服务流程，之后顾客拿来维修的机器，不但要登记品牌、型号、购买日期，而且要登记机身号并拍照存档，从那以后，类似的事情再也没有发生过。通过这件事，付萍萍觉得自己也学到了很多，她也真正理解了"如何一点一点地把胖东来的爱传递给他人……（也是公司提供了这么好的平台）让我在这里不仅学会了包容和理解，更懂得了轻松、快乐的生活方式"[①]。

这个故事里，主管并没有太多的说教，而是通过自己的实际行动让付萍萍理解了什么叫勇于承担，什么叫包容和理解。付萍萍在这个过程中不但学会了解决问题的方法（如何解决顾客当下的问题，以及如何通过优化流程彻底解决类似问题），而且实现了思想上的"跳一跳"——她的思维和格局打开了，内心也自洽了，这给了她巨大的鼓舞，也让她的工作更有动力和目标。

---

① 资料来源：胖东来官网资料《爱的路上释放温暖的力量》"一台血糖仪"，医药部 付萍萍。

企业在这个过程中"管理"员工了吗？好像并没有，实际上，这就是所谓的软管理——看起来无声无息，实际上用润物细无声的方式浸润了员工的心田。而这种软性的力量其实比硬管理更有效。

以上介绍了胖东来的硬管理和软管理，单独拎出来，这两者都不难，难的是如何把软管理和硬管理有机结合起来，两种管理方式并行，你中有我，我中有你。当然，这种高超的管理方式并不是一天就能实现的，胖东来也是经过了几十年的历练和磨合，才渐入佳境，同时把两种管理理念运用得炉火纯青。

知识卡片和学习心得

1. 硬管理和软管理

硬管理又称理性管理、科学管理，其理论源于"科学管理之父"弗雷德里克·温斯罗·泰勒的《科学管理原理》一书。该理论认为，只有数字资料才是过硬的和完全可靠的，只有正式组织和严格的规章制度才是符合效率原则的。而硬管理的基本含义是指执行规章制度、进行直接的外部监督以及行政命令等刚性管理，也包括采用计算机管理信息系统、人机监控系统等现代化的物质手段。

软管理是指开展思想工作，培育共同的价值观，树立良好的风气，建立和谐的人际关系等柔性管理。这一理念的提出源于20世纪80年代初的美国，相关的著作有帕斯卡和阿索斯两位教授合著的《日本企业管理艺术》，加州大学威廉·大内教授所著的《Z理论——美国企业界怎样迎接日本的挑战》，哈佛大学教授特雷斯·迪尔所著的《企业文化》，以及1982年10月出版的由彼得斯和沃特曼合著的《追求卓越——美国管理最佳公司的经验》。①

2. 管理的硬化和软化

现在很多资料在提到软管理时，都认为这是未来管理的趋势，因为软管理更加人性化，效果更持久，所以要逐渐用软管理替代硬管理。对很多企业来说，推行软管理的确是很有必要的，因为很多企业不懂管理的艺术，在实际工作中，制度僵化，人浮于事，单靠制度很难提升团队执行力，也很难实现员工的幸福感。

但也必须看到，人是很复杂的，是企业管理中最难把控的要素，尤其像胖东来这样的企业，员工有上万人，员工的背景也非常多元，光有软管理是不行的。在管理理念上，首先要定制度、讲规则，把丑话说在前头，这可以称为"管理的硬化"——制度要越硬越好，没有商量的余地。在这个基础上，企业再结合自身文化理念、价值观、使命和愿景，推动软管理，尽量让这些理念入脑入心，真正实现员工个人认知和企业认知的统一。这个过程可以称为"管理的软化"——理念要柔而不显，不知不觉让改变发生。

3. 学习笔记和心得

现在很多企业还停留在人管人、人管事的层面，老板管中高层，中高层管基层。出了问题先是基层解决，基层解决不了就需要中层、高层出面，所有人都解决不了的问题，就需要老板出面。

这样的管理模式强调的是"人制"，领导靠自己的经验和个人魅力进行管理。这种管理模式非常不稳定，某个高管离职或者创始人离开企业之后，整个管理可能就变味了，员工也变成一盘散沙。

---

① 资料来源："对硬管理和软管理的一点个人理解"，大连化物所质量与资产管理处 王江，中国科学院官网，https://www.cas.cn/dj/gzdt/200111/t20011102_1718692.shtml。

真正好的管理是"法治",也是"德治"。法治对应着我们说的硬管理,有法可依,有法必依,违法必究,执法必严,这里的"法"不是法律,而是法度、规章、管理办法。德治对应着我们说的软管理,以德服人,以道理服人,以价值观服人,让员工真正想明白自己应该怎么做,从而依靠自己的判断,依靠自己的价值观做好工作。

■ 4. 躬身入局 + 事上练

企业学习管理理念不必贪多求全,今天学王阳明、明天学德鲁克、后天学乔布斯,最后可能什么也学不会,什么也做不到。倒不如先从基础的企业管理制度入手,先把企业的基本制度树立起来。

如果不知道基本制度有哪些,需要怎么做,可以先模仿胖东来,胖东来的管理制度很多都是公开的资料,也比较全面,可以照葫芦画瓢,先模仿再创新。制定这些政策的过程,本身也是对企业管理理念的回顾和梳理,可以邀请各部门负责人参与共创。最初的版本可以定为 1.0 版本,每次修改都可以增加版本号,比如 1.1、1.2、2.1、6.5 等。通过制度的迭代升级带动管理理念、管理方法的升级。

以下列举了胖东来部分管理制度的名称,可供参考。

基本规章制度:

员工思维及语言使用规范

员工各项安全标准和流程

许昌市胖东来超市有限公司各项管理制度

胖东来餐饮部各级别工资政策

许昌市胖东来百货服饰有限公司各项管理制度

许昌市胖东来药业连锁有限公司各项管理制度

考评和奖励方案：

　　时代百货各级别考核方案

　　胖东来超市部各级别应具备的能力考核表——财务部

　　胖东来茶叶专业知识/技能考核奖励方案

　　胖东来后勤部各级别考评奖励方案执行落实细则

　　新乡胖东来应具备的能力考评奖励方案

　　胖东来服饰部专业知识/技能考核奖励方案

　　民主评议问卷调查

　　胖东来电器部五年规划方案

实操标准：

　　超市部果蔬课员工实操标准

　　物流中心验货组实操标准

　　服饰部保洁岗位实操标准

　　新乡广场餐饮烩面实操手册

　　面包房生产员实操标准

　　超市部试吃员实操标准

　　新乡眼镜部验光师实操标准

　　物流中心封装组实操标准

　　许昌胖东来医药部医疗器械区实操标准

　　企业文化理念门店植入参考标准

　　许昌市胖东来商贸集团施工手册

企业文化和软性管理：

  企业文化手册

  胖东来培训指导手册（新员工）

  文化理念培训大纲

  《爱的传道者》

  爱的路上释放温暖的力量

  《胖东来故事手册（一）》

  《心向阳光》

  《走在信仰的路上——东来随笔》

  《新乡故事手册——致敬逆行者》

  胖东来抖音账号

  胖东来优酷视频账号

  胖东来官网——走进胖东来

5. 更多学习资料：企业管理制度框架

  企业管理需要各种规章制度，这些制度看起来非常庞杂，无处下手。我们可以模仿胖东来，先搭建企业各项管理制度的框架，然后逐一往里填充内容。具体制度框架，可以参考图 2-1 所示的企业管理制度框架鱼骨图。

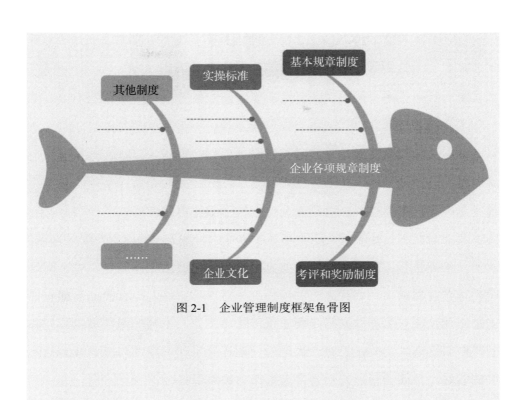

图 2-1　企业管理制度框架鱼骨图

第二节 高效执行力从哪里来
——用需求层次理论参透人心

企业光有制度还不行,还要有好的执行力。什么叫执行力?简单来说,就是计划能执行下去,工作能落实到位。以保洁这项工作为例,每个商场或超市都有保洁员,为什么有的商场卫生状况比较好,而有的商场却有很多卫生死角呢?为什么同样是商超保洁这项工作,不同的保洁员执行任务的时候有这么大的差距?是个人能力问题还是工作态度的问题?或者是不同的领导、不同的管理方式会带来执行力的差距呢?

大家觉得胖东来服务好,从管理的角度来看,这也反映了胖东来员工的执行力。在胖东来,高效的执行力可以体现在三个方面:第一,知道干什么;第二,知道怎么干;第三,知道为什么干。

"知道干什么"就是每个人各司其职,各行其道。在胖东来,每个岗位都有岗位实操手册。在岗位实操手册上,有非常详细的岗位职责规定。比如"超市部服务台员工",他的工作职责一共19项[1],包括:

1. 坚定并践行公司文化信仰,传播先进的文化理念;

2. 正确理解并按时完成公司下达的各项工作,遵守并落实执行公司的各项管理制度;

3. 认真执行《实操标准》,根据岗位实际操作标准及时反馈问题,提出合理化建议;

---

[1] 资料来源:胖东来官网资料《超市部服务台员工实操标准》,2023年9月8日更新。

4. 有效参与各项标准、制度的讨论与制定；

5. 执行公司服务标准及培训，提升服务品质；

6. 落实企业文化、专业技能的实施；

7. 服务本课轮值，合理协调安排工作；

8. 加强安全认知，做到有效的安全防护；

9. 突发事件的判断及应急处理，不能解决的问题及时上报，并协助主管进行解决；

10. 了解部门经营情况，制订并落实工作计划，做好总结及时反馈；

11. 根据清洁标准和设备设施做好维护保养；

12. 熟知卖场布局，正确引导顾客；

13. 接待顾客高效，准确办理退换货；

14. 负责电话的接听和记录，反馈顾客意见和建议；

15. 依据国家相关法律法规及公司《客诉处理标准》处理各类事件，超出自身权限无法解决时，上报主管，做好登记跟踪；

16. 根据顾客提供小票及开票信息，开具发票，做好发票日结汇总；

17. 做好便民设施相关事宜的登记和日常维护；

18. 负责顾客遗失物品的收取、登记与上交；

19. 做好当日《商品退货分析表》《礼品发放登记表》等汇总。

通过以上列举的岗位职责，超市部服务台员工很清楚自己的工作范围、工作职责及工作要求。比如顾客要开发票，这是服务台应该做的事吗？对照上面第16条，应该根据顾客的小票及开票信息，为顾客开具发票，并做好发票日结汇总。

比如，顾客打电话咨询店里有没有1升装的三元鲜奶，服务台员工要怎么做呢？根据上面第14条，应该接听和记录，然后找到相关柜台的负责人了解、核实，并及时给顾客回复。

再如，顾客拿着一瓶已经打开的茅台酒来到服务台，说这是假酒，让胖东来赔偿，这属于服务台应该处理的事情吗？根据上面第15条，胖东来有客诉处理标准，其中涉及"非食类商品质量问题引发的客诉"，要先按照《中华人民共和国消费者权益保护法》经国家授权单位或厂家授权机构进行鉴定，根据鉴定结果，再结合《中华人民共和国消费者权益保护法》相关规定予以处理。如果这个处理结果顾客不满意，无理取闹，按照上面第15条的规定，服务台员工应该立即报告主管，并做好登记跟踪。

员工知道干什么，知道自己的业务范围，这是落实高效执行力的第一步。在很多企业里，员工是靠自己摸索或者由师傅带领才逐渐了解应该干什么，中间可能有很多的试探、误会和偏差，这都会影响个人和团队的执行力。在胖东来，这些问题都不存在，哪怕是刚入职第一天的员工，对照岗位职责，也会非常清晰地知道自己应该干什么。

"知道怎么干"就是熟练掌握工作需要的各项技能，把事情干好。可能有些人会觉得，超市的工作很简单，是个人就能干，其实，能干跟干好中间有很大的距离。

以最简单的超市保洁为例，扫地、擦地、打扫卫生这些工作看起来非常简单，完全没有技术含量，但实际上，想把这个工作干好，里面有很多的门道。以胖东来超市部保洁为例，在《超市部保洁实操标准》中，工作人员需要了解18种材质的不同处理标准，分别是：不锈钢、铝塑板、玻璃、柏油路、石材、水泥类、环氧树脂地坪、塑料、陶瓷、地板砖、木质类、地毯（地垫）、壁布、皮革、刮水器、地板革、铝材垃圾桶、油漆类，针对每一类材质的污损情况，再用具体的处理方法。比如，石材里的花岗岩，实操标准中列举了7种清洁方式，包括日常清洁、污斑、油污、口香糖、尿渍/饮料、油漆颜料、呕吐物。[1]

---

[1] 资料来源：胖东来官网资料《超市部保洁实操标准》，2023年9月8日更新。

举个例子，花岗岩上的油污怎么清洁？一共需要四步。第一步，用去油膏直接涂刷于花岗岩油污上，顽固性油污重复涂刷；第二步，待其干燥后（30~60分钟），用铲刀铲去残留物；第三步，将弱酸性清洁剂、弱碱性清洁剂（洗衣粉视脏污程度适量使用）或万用清洁剂与水以1∶500的比例稀释，将刷子浸入配比好的溶液刷洗地面；第四步，用干净的半干拖把拖拭干净。

保洁员还需要熟悉洗地机的操作方法，在《超市部保洁实操标准》中，一共有GT50、GT30、SC530、BR752和CS7010五种洗地机的使用方法介绍，以及电梯清洗机、吸尘器、多功能保洁柜的使用说明。

除了这些一般性清洁，保洁员还需要负责（超市内）绿植的养护。很多保洁员入职胖东来之前可能从来没有养护绿植的经验，但不要紧，胖东来详细列举了七条"绿植养护标准"以及周保养的注意事项，包括"每周对易生虫的绿植喷一次杀虫剂；每周对所有绿植追肥一次，保证营养均衡；每周将绿植旋转180度，保证两面生长均衡"；等等。

看起来非常简单的超市保洁，如果按这个标准拆解工作场景和工作细节，就会发现，原来里头这么有学问。在一些单位几句话就能说完的"怎么做保洁"，在胖东来，单单这份《超市部保洁实操标准》就有七个章节，总计188页。有人开玩笑说，如果胖东来以后不干超市了，开一家保洁公司，也能是行业内领先的。

胖东来的每个岗位都有一套这样的实操手册。从企业的角度来看，这意味着企业的各个环节都能达到行业最优的标准，而从员工执行力的角度来看，这意味着员工锻炼出了极强的"单兵作战能力"，每个人工作的完成度都很高，叠加在一起，企业执行力就会非常惊人。

说实话，让员工"知道干什么""知道怎么干"并不难，即便有的企业没有像胖东来这么完备的岗位职责和实操手册，靠企业创始人或者分管领导的口头交代、上传下达等方法，也能安排工作。对于一个企业来说，其实最难的是驱动员工，也就是让员工明白"为什么干"，当员工有了内驱力，不用领导监督，不用别人指挥，自己就能把工作干好，这才是企业执行力的真正保障。

员工为什么要好好工作呢？换句话说，驱使员工工作的动力到底是什么？谈到驱动力，也许很多人会脱口而出"好好工作就是为了升职加薪"。的确，更好的职位、赚更多的钱对普通劳动者来说有很强的刺激作用，但是也有越来越多的研究发现，升职加薪对员工的刺激作用有限，很多高工资、高职位的人在工作中反而更容易夸夸其谈、遇事互相推诿、逃避责任。那么到底什么才能鼓励员工好好工作呢？胖东来的做法中又有哪些值得我们借鉴呢？

谈到人的内在动机，美国心理学家亚伯拉罕·马斯洛提出了"需求层次理论"，他认为人的需求有五个层次，分别是生理需求、安全需求、爱与归属的需求（也有人翻译为"社会的需求"）、尊重需求、自我实现的需求。在马斯洛看来，人们不断努力就是为了满足更高层次的需求。

举个例子，一个人什么都没有的时候，只会想着吃饱穿暖，这就是最基本的生理需求。吃饱穿暖之后，人们会希望自己生活的场所更安全，减少威胁和痛苦。再往上，人们希望自己被社会接纳、认可，能感受到关怀和爱。在这些都具备之后，人们需要成为被别人尊重的人，希望能有成就感，能实现自己的理想和抱负。可以看得出来，这些追求是逐层递进的，一个连饭都吃不饱的乞丐，不会跟人奢谈理想，对他来说，填饱肚子是最急迫要解决的问题。同样地，对于那些已经实现财富自由的人来说，每天花天酒地并不能给他们带来更多的满足感，他们更愿意把时间和精力花在追求被人尊重，以及自我价值的实现上。

把"需求层次理论"应用到企业管理领域，有人提出，企业也要满足员工各个层级的需求，从而更好地驱动员工努力工作，提高执行力。比如在物质上，保证员工的收入和福利，让员工没有后顾之忧（满足生理需求）；在日常管理上，切实保障员工权益，提升员工的安全感和幸福感（满足安全需求）；在企业文化上，营造和谐的团队氛围，让员工更有归属感，以成为企业的一分子为荣（满足爱与归属的需求）；在核心价值观上，尊重员工的劳动，让员工认可自己工作的价值（满足尊重的需求）；在长远发展上，把企业发展目标和个人发展目标相结合，通过企业价值的实现带动个人价值的实现（满足自我实现的需求）。

对照来看，胖东来对人的管理的确兼顾了这五个方面。首先在员工待遇上，胖东来以高工资、高福利著称。一直以来，高工资都是于东来搞经营的一个法宝。早在1995年于东来刚开始做生意时，他就给员工开出了高工资。"那时候当地的平均工资是300元，我们的员工最低1000元，管吃管住，都在店里面。第二年我们就涨工资，涨到1200元……第三年涨到1400元。"[①]2022年，胖东来的创始人于东来在一次讲话中提到了当时胖东来普通员工的工资，"员工平均每个月是5000多元，加上分红是7000元，含社保8000元，下一步人员的结构调整以后，每个人的工资可能还要增加1000多元"[②]。

福利方面，"员工结婚，根据工作年限，连续工作6年的员工，可以领到3000元的贺金（工作不满6年的也有对应的贺金标准，下同）"[③]。另外，女员工有产假，法定婚龄的女员工可享受98天加3个月的产假。国家政策规定的产假是3个月——胖东来在国家规定的基础上，又多了98

---

① 资料来源：胖东来官网资料《走在信仰的路上》"关于分钱"，于东来，第59页。
② 资料来源：胖东来官网资料《"东来哥与联商学院实地指导六"大石桥真实惠调整会议记录（二）》，2022年8月17日。
③ 资料来源：胖东来官网资料《爱的福利》。

天的产假（产前 15 天，产后 83 天）。①

优厚的待遇降低了员工离职率，也让员工能够安心工作。据顶端新闻报道，2024 年 3 月 5 日，于东来在抖音发布视频，视频中他提到胖东来员工的离职率低于 5%，有些部门的离职率仅为 1% 或 2%。②

日常管理上，胖东来非常注重保障员工权益，给员工足够的安全感。2023 年 3 月 26 日，胖东来给员工发"委屈奖"的新闻登上网络热搜。网络图片显示，胖东来员工按照正常工作流程受到委屈，公司补贴 5000 元到 8000 元。③ 除了这种心理上的安全感，胖东来也非常重视员工的人身安全和操作安全。在胖东来各个岗位的实操标准中，安全都是重中之重的要求。

在企业文化上，胖东来营造了家庭式的团队文化，提高了员工的归属感。在胖东来，大家称呼创始人于东来不是"于总"而是"大哥"或是"东来哥"，甚至在一些正式的场合，大家也这样称呼他。在胖东来的官方微信公众号上，有一系列介绍胖东来经营理念和方法的文章，名字就叫"东来哥会议记录分享"。④

公司有这样一位"大哥"，同事之间也像兄弟姐妹一样。胖东来电器部员工燕小峰结婚住进了新房子，忙前忙后的全是电器部的兄弟，迎亲用的全是公司老总的车，花车由店长亲自驾驶。⑤ 很多员工在提起胖东来的时候，都会提到这里像个家一样，大家像兄弟姐妹一样互相关爱，互相扶持。

除了上面这些，在胖东来，最值得关注的是它带给员工尊重和自我实

---

① 资料来源：刘杨. 觉醒胖东来 [M]. 北京：中国广播影视出版社，2023.
② 资料来源："于东来：胖东来员工离职率低于 5%"，顶端新闻，https://www.sohu.com/a/762101391_121434717.
③ 资料来源："受委屈最高奖 8000 元！'超市界海底捞'为员工设委屈奖？网友：求求让我来上这个班"，证券时报网，2023 年 3 月 27 日，https://www.stcn.com/article/detail/824989.html。
④ 资料来源：刘杨. 觉醒胖东来 [M]. 北京：中国广播影视出版社，2023.
⑤ 资料来源：胖东来官网资料《胖东来故事手册（一）》"老婆我爱你"，电器部 燕小峰。

现需求的满足。可能有人认为，服务行业的一线员工做的都是最基础的工作，如擦地、摆货、收款等，很少涉及"个人价值的体现"和"个人自我实现"。但在胖东来，很多员工恰是找到了工作的意义，实现了自我价值。

有一天，胖东来面包房的张绍卓接待了一位六七十岁的大爷。大爷不是给自己买东西，而是想给自己九十多岁的老母亲买一种果仁薄饼，但不巧的是胖东来已经不生产这种薄饼了，大爷知道后非常失望，眼泪在眼眶里打转，因为"（俺娘）啥都不想吃，就吃着这个对味"。看到这一幕，张绍卓心里很不是滋味。他当即与供应商联系，正巧供应商那儿有刚到的原料，听说胖东来需要，就派人骑摩托车送了过来。面包房的师傅打鸡蛋、制糊、推盘、烘焙，一会儿工夫就做了满满两袋。最后张绍卓亲自把老人送到收银台，还替他交了两袋薄饼的钱。老人拿到薄饼后老泪纵横，哽咽着说了一句："还是胖东来中啊！"[1]

这句话非常普通，也许张绍卓听过 100 个顾客讲这句话，但是从这位大爷嘴里说出来"却深深触动了我"。为什么呢？因为他觉得自己的工作是有意义的，是真的能传递爱意和善意的，而这种成就感会带给他巨大的满足感。[2]

员工的付出换来了顾客的认可。超市部尚松莉所在的烟酒柜离大门比较近，冬天，她的手冻肿了，没想到，几乎每天都有顾客像关心自家人一样询问。有一天，一位大娘特别带了一双手套过来，说："闺女，我给你织了一双手套，快戴上。"听到这句话，尚松莉当时眼泪就掉了下来。这年冬天，天特别冷，尚松莉的手冻烂了，裂了口子。这天，一位大哥拿报纸包了一小包东西拿过来，说："妹子，我在报纸上找到了一个治疗冻疮的方子，今天特地给你拿了过来，这是几种中药材，你按上面的用法试试，

---

[1] "中"是河南方言，是可靠、值得信赖的意思，老大爷想说，还是胖东来值得信赖。
[2] 资料来源：胖东来官网资料《胖东来故事手册（一）》"一袋果仁薄饼"，面包房 张绍卓。

看效果咋样。"到写下这个故事的时候，这件事已经过去五六年了，但是那个冬天发生的事，尚松莉刻骨铭心，因为实在太温暖了。①

也因为在工作中获得的尊重和自我实现，胖东来的员工投入了更多的热情在工作上。服饰部李雪芹记录了同事娜姐的故事。有一天，家人给娜姐打电话，说她儿子手挤着了，在医院缝了七针，按说一般的妈妈这时候肯定会放下手边的工作，立即冲到孩子身边，但是娜姐没有，她忍着心里的痛告诉儿子自己走不开。挂断电话那一刻，娜姐的眼里充满了泪水。为了踏实地干好自己的工作，她选择"放弃"了一位母亲应尽的责任。同样地，运动服饰的保安主管夏鹏飞，妻子在医院待产，羊水提前破裂，肚子里的孩子已经感染，必须马上进手术室剖宫产，可是他因为工作还是坚守在岗位上，兢兢业业。②

以上这些故事的主人公不是因为觉悟高，更不是唱高调，而是因为他们在工作中获得满足，在工作中实现自我，他们知道为谁干，也知道为什么干，所以他们就有了自觉性，不用别人要求，自己就愿意付出。这样的员工不但有目标感，而且非常有执行力。

当然，上述这些"知道干什么""知道怎么干""知道为什么干"并不是个别员工的特例，而是通过胖东来精妙的制度设计和扎实的落地执行，把这些贯穿到了日常管理中。"三个知道"让员工有方向，有能力，也有动力，而满足员工五个需求层次既解决了员工的后顾之忧，也相当于为员工做了完整的职业生涯规划。

对于一个企业来说，当企业目标和员工目标一致时效率最高，内耗最少。员工和企业心往一处想，劲往一处使，向着同一个方向努力，这样的企业，怎么会发展不好呢？

---

① 资料来源：胖东来官网资料《胖东来故事手册（一）》"我心感动"，超市部 尚松莉。
② 资料来源：胖东来官网资料《胖东来故事手册（一）》"责任"，服饰部 李雪芹。

知识卡片和学习心得

1. 马斯洛的需求层次理论

马斯洛的需求层次理论（Maslow's Hierarchy of Needs）认为，人的需求是有层级的，低级需求直接关系到个体的生存，所以也叫缺失需求（Deficit or dificiency need），如果这种需求得不到满足，可能会危及生命或生存。高级需求并不是维持生存所必需的，但是满足高级需求可以让人有更好的精神状态，所以也叫成长需求（Growth need）。满足高级需求必须具备良好的外部条件，如社会条件、经济条件、政治条件等。[1]

2. 从五个层次的需求到八阶段需求

马斯洛于1970年优化了需求层次理论，在原有的五个层次之外，增加了认知需求（Cognitive need）、审美需求（Aesthetic need）和超越需求（Transcendence need）。认知需求就是了解知识，满足自己的好奇心，探索需求的意义；审美需求是欣赏和寻找美，找寻那些能带给自己审美愉悦的事物等；超越需求是指人们在正义、善良、博爱等价值观的驱使下做出利他行为，通过这种行为，获得高峰体验。

3. 学习笔记和心得

从世界范围来看，企业管理的理念也在不断迭代。1911年，弗雷德里克·温斯洛·泰勒提出了"科学管理理念"。这一理念强调标准化、规范化的作业和生产流程。20世纪四五十年代，彼得·德鲁克提出了"目标管理理念"，这一理念强调控制和命令，它告诉管理者如何通

---

[1] 资料来源：百度百科，"马斯洛需求层次理论"词条，https://baike.baidu.com/item/%E9%A9%AC%E6%96%AF%E6%B4%9B%E9%9C%80%E6%B1%82%E5%B1%82%E6%AC%A1%E7%90%86%E8%AE%BA/11036498。

过计划、组织、决策、人事、控制、协调、领导等智能，实现企业目标。20世纪80年代，爱德华兹·戴明提出了"全面质量管理理念"，这一理念强调组织使命愿景，强调主人翁精神的企业文化，强调系统论；20世纪90年代，约翰·科特等管理学家提出"变革管理理念"，这一理念强调破除企业内部复杂的官僚机构，以灵活的小团队创新性解决问题。2010年之后，以谷歌为代表的企业提出"生态型组织管理理念"，这一理念强调发挥组织中创意经营的作用，通过共享、协作的方法，让平台为精英赋能。

上面这些理论看起来非常复杂，但说白了，管理最终的落实点是人。在对人的管理上，从最初的"约束""规范"到"组织""激发"，最后到"赋能""自我驱动"，这种变化一方面显示出对劳动者越来越尊重，另一方面显示出人们认识到劳动者身上所蕴含的巨大能量。

4. 躬身入局＋事上练

管理界有一句名言："停止管理，开始领导。"一般来说，"管理"往往意味着用命令和权威指挥劳动者，而"领导"更多的是依靠知识、激励、企业文化，以及领导者的个人魅力去影响员工，从而激发他们的积极性，并提升执行力。

现在，很多企业提出要从管理者往领导者转变。何谓领导者？领导者不是高高在上的，也不是夸夸其谈的。首先，领导者应帮助下属更快地学习，更好地工作；其次，领导者应给下属提供条件，创造平台，供他们发挥；最后，领导者应争取并保护下属的权益，带动下属获得自我实现。对照来看，胖东来的做法的确算得上是对员工的"领导"。

5. 更多学习资料：马斯洛的需求层次对照

人们在描述马斯洛的需求层次理论的时候，通常会用到一个金字塔形状的图形，最基础的需求放在金字塔的最底层，然后逐渐往上，最高层次的需求放在最上层。作为企业的管理者，要想调动员工的积极性，就要设法在各个层面满足员工的需求。结合图 2-2 观察自己的企业，按照从 1~5 的顺序，逐项检查，看看在哪些方面做得比较好，哪些方面做得还不够。

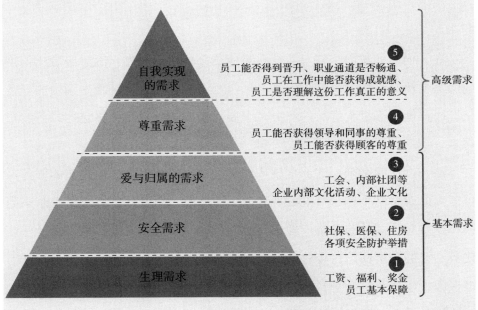

图 2-2　马斯洛的需求层次对照

第三节 这些商品名叫"胖东来"
——从红海到蓝海的战略管理

在人们的印象中,好服务往往对应着高价格。例如,五星级酒店提供的服务要比经济型酒店好,但是五星级酒店的价格也是经济型酒店的好几倍。同样地,飞机头等舱的服务水平要比经济舱好,其价格也比经济舱贵得多。

然而,在胖东来,这一常规认知并不成立。胖东来提供优质的服务,但是商品价格并不贵。《觉醒胖东来》[①]一书的作者刘杨比较了胖东来商品和竞争对手商品的价格。考虑到不同地区商品价格差别较大,为了保证比较结果的公正性,比较对象选取的是胖东来(许昌时代广场店)和许昌地区各大超市及电商平台,参与比较的商品以有品牌的民生商品为主,包括饮料、零食、日用品等,具体价格比较见表2-1。

表 2-1 许昌地区部分商品销售价格比较(2022 年 12 月 6 日)(单位:元)

商品	胖东来时代广场超市	亨源通超市	永辉超市	新大新幸福时代广场	天猫超市
农夫山泉矿泉水 550mL	1.5	1.5	1.7	1.5	1.8
百事可乐 500mL	2.5	2.7	3.3	3.5	3
德芙榛仁巧克力 43g	7.5	9.6	7.7	9.6	无

---

① 资料来源:刘杨.觉醒胖东来[M].北京:中国广播影视出版社,2023.

续表

商品	胖东来时代广场超市	亨源通超市	永辉超市	新大新幸福时代广场	天猫超市
蒙牛特仑苏纯牛奶 250mL×12	49	55	50.5	60	48.9
康师傅红烧牛肉桶面	4.5	4	4.5	5.5	4.8
威露士泡沫抑菌洗手液 225mL	17.9	17.9	19.9	18.2	16.9

数据来源：价格来源于各商超美团店铺价格，价格为商品实际售价，不考虑店铺满减等因素。数据采样时间为 2022 年 12 月 6 日。

从数据对比中可以发现，相比其他线下超市，胖东来的价格很有优势，甚至有些商品，胖东来比线上商城卖得都便宜。

同样的产品，卖得便宜意味着利润率比较低，若要保证企业利润，只能依靠商品周转的效率，也就是我们常说的"薄利多销"。但在企业发展的战略上，胖东来并没有把低价作为自己的核心定位，在胖东来官方发布的资料和创始人于东来的讲话中，关于商品和定价，没有"薄利多销"和"质优价廉"这样的描述，常用的说法是"高品质的商品，合理的价格"。胖东来为什么要强调高品质的商品？合理的价格又意味着什么呢？这种商品和定价策略又反映了胖东来什么样的战略目标呢？

其实，但凡有过零售业从业经验的人都知道，超市不好干，竞争激烈。为什么呢？因为大家销售的商品高度同质化，很容易陷入价格战。例如，消费者想买瓶水，市场上就那么几个大品牌（农夫山泉、娃哈哈、景田百岁山、乐百氏、怡宝等），每家超市的货架上摆放的货品基本一样，进货价格也相差无几，很难拉开差距。而且消费者对这种快消品有一个价格的预期，如 550mL 的农夫山泉矿泉水，平均价格就是 1.5 元。如果有超市卖到 2 元或者 2.5 元，大家就会觉得贵，而且消费者还会把对某个产品价格的印象扩展到整个超市，因为一瓶水比较贵，就觉得整个超市卖的东西都很贵。所以，商家只能不断压低价格，甚至赔本赚吆喝。这也是很多超市看起来生意红火，但是连年亏损的根本原因。

于是，商超行业有了一个不成文的规矩：大品牌标准化产品不赚钱或者少赚钱，主要靠小品牌或者差异化产品赚钱，从而拉平利润率。比如，康师傅红烧牛肉面要保证较低的利润率，但一个新上市的方便面品牌，销售利润率就会设定得高一些。也因为要保证产品的差异化，很多超市会做自己专属的品牌，比如永辉超市就有"田趣""永辉农场""优颂""馋大师""惠相随""辉妈到家""Ofresh"等自有品牌。而全球最大的零售商沃尔玛，早在1982年就推出了首个自有品牌，截至目前，公司自有品牌产品覆盖20个类别，自有品牌数量达到319个，自有品牌SKU[1]达到29153个。在中国市场上，沃尔玛成功培育出"惠宜""沃集鲜"和"George"3个自有品牌，整体SKU已经达到4000个。[2] 在零售行业，自有品牌被称为PB（Private Brand），而之前提到的大品牌标准化产品，正式的称谓是全国性品牌（National Brand，NB）。关于国内外商超自有品牌发展情况，可参考表2-2。

相对来说，国内超市在自有品牌方面还比较薄弱。自有品牌占比美国零售业销售额的29%，而中国该比率仅为1%。[3] 可以这么说，国内很多超市陷入了全国品牌竞争的红海，而忽视了自有品牌这片蓝海。

---

[1] SKU（Stock Keeping Unit），零售业专业术语，意思是库存单位，是指用于识别和管理单个产品的独特代码。一个SKU代表一个产品的一种规格。

[2] 资料来源："自有品牌，高鑫零售永辉家家悦的'难言之隐'"，"社区超连锁"微信公众号，2023年10月12日，https://mp.weixin.qq.com/s/1ilOBMjJBLdFjlJNxrApGA。

[3] 资料来源：同[2]。

表 2-2　国内外商超自有品牌发展情况概览

企业名称	自有品牌开发情况	未来规划
永辉超市	2023 年上半年，永辉自有品牌销售额 19.5 亿元，同比增长 15.3%，占总营收的比例为 4.65%，占线上收入比重为 22.5%	未来 5 年，自有品牌在货架上占比达到 10%~20%
盒马	截至 2022 年 10 月底，盒马自有品牌类目达 1200 多种，销售占比 35%	2025 年，自有品牌占比达 50%
山姆会员店	自有品牌占比约 30%	
永旺（AEON）	2022 年，永旺自有品牌销售达 1.3 万亿日元，在日本本土，永旺自有品牌占比达 30%	未来 5 年在中国市场，衣食住类别中销售占比达 50%
好市多（Costco）	2021 财年，好市多自有品牌 Kirland Signature 销售额 590 亿美元，同比增长 13.4%，占总收入的 31%	

资料来源："侯毅都退休了，物美还在摸着盒马过河"略大参考．付饶，界面新闻，2024 年 3 月 19 日，https://finance.sina.cn/2024-03-19/detail-inanvueu9400408.d.html?oid=4075105547720725&vt=4&wm=5312_0503&cid=76524&node_id=76524。

胖东来是国内较早布局自有品牌的商超企业，目前胖东来的自有品牌涵盖酒水、饮料、食品、调味品，以及非食品类的厨房家居用品和家庭清洁用品等。胖东来的自有品牌 LOGO 为 DL（东来二字拼音的缩写）。在食品自有品牌上，除了保质期较长的包装食品，还有胖东来德丽可思面包以及胖东来自营熟食；在酒水上，有胖东来"怼"酒和"自由爱"白酒；在服饰领域，有胖东来六月旭品牌。

在自有品牌上，胖东来不但践行了"高品质 + 合理价格"的产品定位，还有三个战略值得关注，分别是打造爆品、线上线下融合，以及自产自销模式。

首先是打造爆品。2022 年 9 月，一款被顾客称为"网红大月饼"的产品在胖东来热销，胖东来出现了"通宵排队"和"高价代购"现象，有人为了买一块这样的月饼,连夜排队或者出几倍的价钱请人帮忙抢购。为了保证供应的同时保障市场秩序,胖东来决定停止线下门店销售,改为美团线上销售,2022年9月3日起,每天上午9:30开始销售。①

线上销售有多火爆呢?仅仅在美团销售一天后,胖东来就在官方微信公众号上发布了一条消息,名为"胖东来酥饼月饼美团爆单配送延迟说明"②。根据这条消息,线上同时购买胖东来酥饼月饼的人数太多,订单集中数量超出1万单,导致1秒钟爆单,超出了美团系统的负荷上限,也超出了原定每日的生产库存1500单,所以只能对后进订单进行自动退款处理。也就是说,胖东来开通线上购买后,1秒钟进来超过1万个订单,系统爆单,而这个订单数远远超过胖东来可以供应的数量。

时隔一年,2023年9月3日,胖东来再次发布公告,停止"网红大月饼"的线下销售,调整为线上(同城)销售。根据公告内容,从2023年9月17日起,消费者需线上购买(每个微信账号每天限购一套),线下门店自提,或选择同城配送。而中国网记者调查发现,即便如此,"网红大月饼"还是每天一上架就售罄。③ 关于胖东来调整"网红大月饼"销售方式的通知,可参考图2-3。

讲到这里,大家可能非常好奇,这到底是一款什么样的产品,为什么有这么大魅力呢?所谓的网红大月饼,其实是胖东来自主生产的酥饼。该产品分两种口味:一种叫芋泥麻薯酥,另一种叫红豆蛋黄酥。因为产品外观看起来像大号的月饼④,所以,消费者形象地称其为"大月饼"。这两

---

① 资料来源:"芋泥麻薯酥饼&红豆蛋黄酥饼,暂停线下门店销售,调整为美团销售","胖东来超市"微信公众号,2022年9月2日,https://mp.weixin.qq.com/s/3A_3i7ehpgXvya7wLZgUFQ。
② 资料来源:"胖东来酥饼月饼美团爆单配送延迟说明","胖东来超市"微信公众号,2022年9月3日。文章内容现已被删除。"许昌春秋网""零售圈"等微信公众号还保留有相关内容截图。
③ 资料来源:"胖东来'网红大月饼'爆卖,借数字化优化消费者体验",中国网,2023年9月28日,http://science.china.com.cn/2023-09/28/content_42538676.htm。
④ 根据胖东来线上超市"东来优选"的产品描述,该产品单个净重490克。

种酥饼一般打包成套装销售，在胖东来线上超市"东来优选"上，销售价格为 59.6 元。两种商品的具体外观和包装可参考图 2-4。

图 2-3　许昌胖东来超市芋泥麻薯酥 & 红豆蛋黄酥暂停线下销售，调整为线上（同城）销售的通知

图片来源："胖东来商贸集团"微信公众号，2023 年 9 月 16 日，https://mp.weixin.qq.com/s/jlnqYlwTTB5K1vR7ZIwezA。

图 2-4　胖东来芋泥麻薯酥和红豆蛋黄酥

图片来源："一大早,胖东来的红丝绒蛋糕都来不及贴标签",抖音,2024 年 3 月 17 日,https://www.douyin.com/search/%E8%83%96%E4%B8%9C%E6%9D%A5%E7%BA%A2%E4%B8%9D%E7%BB%92%E8%9B%8B%E7%B3%95?aid=42429101-cec1-4780-9d9d-a63c23b99a45&modal_id=7347149942579809570&publish_time=0&sort_type=0&type=general。

在淘宝、拼多多等平台搜"胖东来同款大月饼",能搜到很多类似的产品。但对比一下就会发现,这些产品的销量和口碑根本没法跟胖东来的"大月饼"相提并论。可以这么说,胖东来的确打造了一款很难被同行复制的爆品。

无独有偶,在"大月饼"之后,一款名为"胖东来红丝绒蛋糕"的甜品再次走红,在谷歌上搜索"胖东来红丝绒蛋糕",有 14.8 万条搜索结果。在美团、微博、今日头条等社交媒体上,"胖东来红丝绒蛋糕"被提及的概率也非常高。在抖音上,一条名为"一大早,胖东来的红丝绒蛋糕都来不及贴标签"的视频有 4.2 万人点赞,1.1 万人转发。视频拍摄于胖东来时代广场,9 点半商场刚开门,人们就涌进面包房抢购红丝绒蛋糕,服务员还没来得及贴标签,蛋糕就被抢购一空。

除此之外,其他胖东来自有品牌,如胖东来燕麦脆、胖东来冰蛋糕、胖东来"怼"酒等也都在网络上被大家热议。更有人总结出了"胖东来必买产品清单"，包括生活用品篇、护肤品篇、茶叶篇、床品四件套篇、商务礼箱篇等。在大众点评网上，有人发布了"胖东来无限回购好物清单，附标价"，还有人总结出了"胖东来自有品牌合集""胖东来自营品牌排行榜"等。大众点评上有一条关于胖东来自有品牌的高赞评价，内容为："胖东来超市自有品牌，闭眼可入手。"

爆款自营产品给胖东来带来了流量，带来了好评，也带来了销售收入和利润的增加，可谓一举多得。

再来看胖东来打造自营产品的第二个战略：线上线下融合。胖东来的门店集中在河南许昌和新乡，这两个地方人口都不算太多，居民消费能力有限，这个客观条件相当于给胖东来的发展设置了一个"天花板"，即便这两个地方的居民全部在胖东来购物，当地能实现的销售额也非常有限。鉴于这一情况，胖东来想要发展，最好的方法是选择线上线下融合的模式，而线上销售，最好的产品就是自营产品。自营产品有识别度，也容易形成差异化，现在胖东来口碑在外，也有了全国的影响力，外地消费者没法实地到胖东来消费，那么线上购买胖东来自有品牌产品就成了一个不错的选择。

根据"胖东来超市"微信公众号的消息，胖东来线上商城于2023年3月19日开通。目前是小程序的形式，消费者在微信搜索"胖东来线上商城"或者在抖音搜索"胖东来专营店"都可以进入线上商城。线上商城有"生鲜蔬果""肉蛋水产""熟食烘焙""火锅专区""粮油调味""冷冻冷藏""乳饮冲调""休闲零食""酒水饮料""整件专区""母婴专区""家清制品""家居百货""美妆个护"等14个类目，基本涵盖了胖东来线下门店各商品类别。

在线上商城搜索 DL（胖东来自有品牌），有 102 个搜索结果[①]，包括 DL 原味手抓饼、DL 背心式保鲜袋大号、DL45 乌檀木砧板、DL 宝丰自由爱（白酒）500mL、DL 压榨一级花生油 2L、DL 五香牛肉等，其中，之前提到的"芋泥麻薯酥""红豆蛋黄酥""红丝绒蛋糕"等烘焙蛋糕类产品，统一使用 DL·德丽可思的品牌。

虽然胖东来还没有走出河南，但通过线上渠道，胖东来的产品已经实现了全国销售。网上销售最重要的是流量，从目前的情况来看，胖东来线上商城主要借助胖东来在网络上的口碑，所以不需要广告投放，没有打折和优惠促销依然有很多人购买，这进一步降低了胖东来的运营成本，也有效提高了利润率。

除了提高销售额和利润，线上自营产品还有另外两个层面的意义：第一，自营产品是"播种机"，过去大家接触胖东来，都是通过网上的新闻、热搜等，现在能接触到胖东来实体的产品，消费者对胖东来有了更直观、更具体的感受。这对提高品牌影响力非常有好处，相当于这些自营产品帮胖东来做了广告，把"胖东来"三个字播种到消费者的心里。第二，"自营产品＋线上自有渠道"相当于帮助胖东来打开了另外一条业务线，线上业务不受场地、时间、地域的限制，交易过程也更加简单，随着线上业务的发展，胖东来自有品牌将获得规模效益（产品销量提升，成本进一步降低），而更有性价比的自营产品也将反哺线下门店。

最后，再来看看胖东来打造自营产品的第三个绝招：自产自销模式。综观胖东来的自营产品，其实可以分为两大类：一类是合作代工型产品，如胖东来自由爱（白酒），这是由宝丰酒业有限公司代工生产的，如 DL 压榨一级花生油、DL 背心式保鲜袋等产品，也都有相应的委托生产厂家。

[①] 根据客户要求配送地区的不同，搜索的结果略有差别。102 个为设定配送到许昌市区时搜索到的结果，查询日期为 2024 年 3 月 22 日。不同日期搜索到的结果也可能略有不同。

代工贴牌生产在商超行业是一种非常普遍的形式，品牌方出品牌、出设计、出产品要求，而委托生产方负责按需生产，最后贴上品牌方的名称。胖东来日用品类、粮油类自营产品多是采用这种模式。另一类是自产自销类，如胖东来烘焙、胖东来熟食、胖东来火锅预制菜等，这些产品保质期短，不适合长途运输，会采用本地中央厨房生产、门店直接销售的模式。

一般来说，因为超市并不擅长做食品加工，所以很多超市加工食品区会采用外包的形式，整体承租给熟食/生鲜加工企业或个人。很多超市经营者认为这块业务"食之无味，弃之可惜"。但随着零售业的发展，越来越多的企业认识到自营加工食品的价值。

从全行业范围来看，2020年盒马成立3R事业部。所谓3R，是指即食（Ready to eat）、即热（Ready to heat）、即烹（Ready to cook）。盒马工坊是首个融合了熟食、半成品、面点、时令点心四大品类的鲜食品牌，2021年，新成立一年的3R事业部就为盒马贡献了60亿元的GMV，而当年盒马整体GMV为340亿元。据雪豹财经社报道，盒马对3R商品毛利率的要求为45%~50%[1]，远高于一般商品的毛利率。

无独有偶，2024年3月，物美也成立了3R事业部。物美3R事业部负责人宁强表示：未来，物美鲜食商品会不断增加，扩容到中式、西式、卤味、熟食等常见的消费品类。[2]

3R商品一方面提高了自营商品的占比，创造了差异化优势；另一方面提高了企业的销售额和毛利率。更重要的是，"通过门店现卤、现热、现场加工的场景，把门店的烟火气打造出来，并通过这个场景带动背后商

---

[1] 资料来源："侯毅都退休了，物美还在摸着盒马过河"，略大参考 付饶，界面新闻，2024年3月19日，https://finance.sina.cn/2024-03-19/detail-inanvueu9400408.d.html?oid=4075105547720725&vt=4&wm=5312_0503&cid=76524&node_id=76524https://finance.sina.cn/2024-03-19/detail-inanvueu9400408.d.html?oid=4075105547720725&vt=4&wm=5312_0503&cid=76524&node_id=76524。

[2] 资料来源："加码鲜食、发力爆品、设立3R部门，物美加入'自有商品'比拼"，王维祎，北京商报，2024年3月3日，https://baijiahao.baidu.com/s?id=1792511553334107692&wfr=spider&for=pc。

品的销售"①。

在胖东来，虽然没有明确的 3R 事业部，但是其自营加工食品业务跟上面提到的盒马和物美 3R 商品线是高度吻合的，经营模式也是"中央厨房＋门店复热＋门店销售（或线下配送）"的形式。2023 年 6 月 9 日，建筑面积约 3.4 万平方米，位于许昌的胖东来产业物流园中央厨房正式投产。这是胖东来实业有限公司下属重点项目，也是园区食品加工生产的智能化、科技化样板车间。胖东来的中央厨房引进国内外先进的熟食制品、烘焙制品、豆制品、水生菜、中式面点制品五大类自动化生产线。据胖东来工作人员介绍，目前，胖东来旗下各超市销售的 200 多种食品都是在这里生产的。后期，可实现胖东来 400 多种自主品牌的生产。②

2024 年 3 月 17 日，"胖东来商贸集团"微信公众号发布"许昌市胖东来超市招聘公告"，跟以往个别岗位、个别职位的招聘不同，这次仅中央厨房就招聘 204 人，其中生产操作（食品方向）150 人，生产操作（工艺研究方向）50 人，中央厨房软件工程方向 2 人，设备管理 2 人。在招聘需求中，非常明确地提出"负责车间内食品生产加工工作，主要生产烘焙类（面包、蛋糕、冷食、油炸糕点）、熟食类（酱卤、预制菜）、民生类（豆腐、豆芽、馒头、面条）产品"③。另据许昌市人民政府新闻办公室旗下的"许昌发布"微信公众号的消息，截至 2024 年 1 月，胖东来中央厨房、各个食品项目已经顺利建成投产，月均产值 4000 万元以上，累计实现产值 1.9 亿元。④

---

① 资料来源："盒马用什么商品服务'十亿消费者'"，朱若淼，"新声 Pro"微信公众号，https://finance.sina.cn/tech/2022-12-01/detail-imqqsmrp8169183.d.html?from=wap。
② 资料来源："实探胖东来'中央厨房'"，毛迎，《许昌晨报》，2023 年 9 月 5 日，https://www.21xc.com/content/202309/05/c509016.html。
③ 资料来源："许昌市胖东来超市招聘公告"，"胖东来商贸集团"微信公众号，2024 年 3 月 17 日，https://mp.weixin.qq.com/s/0UcpOwOFPqIMMeKNzYzpRg。
④ 资料来源："史根治到胖东来商贸集团开展专题调研"，许昌发布，2024 年 1 月 9 日，https://mp.weixin.qq.com/s/2w8_401DCS6b1T4VP_F1xQ。

其实，前面提到的"爆款产品"和"线上线下融合"很多都需要中央厨房来承接，如"网红大月饼"，单纯靠门店制作肯定不能满足需求，而中央厨房很容易扩大产能。

再如线上线下融合模式，过去胖东来只要满足周边群众的需求就好，现在随着影响力的扩大，胖东来已经不再仅仅依赖门店销售，更大的市场需求也推动了高品质、标准化、大规模生产。所以，爆款产品、线上线下融合、自产自销模式是一套彼此关联的组合拳，它帮助胖东来在竞争激烈的商超行业打出了一片天，也成功地探索出了更适合企业长远发展的蓝海。

对一个企业来说，所谓的好管理可以概括成两句话：一是高层做宏观管理，通过制定战略，探索蓝海，为企业指明方向；二是中层做微观管理，定政策，抓落实。从竞争激烈的红海厮杀，到叫好又叫座的平静蓝海，这是胖东来对企业经营战略的管理。而前面提到的对员工的管理和激励是中层的微观管理。这两者的结合造就了胖东来现在的辉煌，也决定了企业未来的命运。

知识卡片和学习心得

■ 1. 蓝海战略

蓝海战略（Blue Ocean Strategy）是由欧洲工商管理学院 W.钱·金（W. Chan Kim）和勒妮·莫博涅（Renee Mauborgne）提出的。他们设想整个市场空间由两种"海洋"组成：红海和蓝海。

所谓红海，代表已经存在的行业和市场。这是一个已知的市场，因为供给大于需求，所以企业间竞争非常激烈。企业之间互相竞争，就如一片战斗中的血海，即便企业在这片海洋中竞争取胜，也会伤痕累累。而蓝海是指尚未开发，或者尚未被大部分企业重视的市场领域。在这样的领域中，竞争不太激烈，压力比较小。在蓝海中，存在着大量尚未被开发的市场空间。

蓝海战略认为，聚焦于红海等于接受了商战的限制性因素，即在有限的土地上求胜，否认了开创新市场的可能。而聚焦于蓝海，意味着跳脱出红海的残酷竞争，不把主要精力放在打败竞争对手上，而是开创新的"无人竞争"的市场空间，为用户提供新的价值，为企业带来新的跃迁。

2. 蓝海战略的经典案例

提到蓝海战略，最经典的案例，莫过于美国西南航空公司和加拿大的太阳马戏团。

美国西南航空公司：

航空业素来竞争激烈，各大航空公司要么在品牌上做文章，要么靠优化服务吸引顾客。西南航空公司则为自费旅游或者小公司的商务旅行者，提供了廉价的航空运输服务。它只采用波音737飞机（统一机型便于管理），取消头等舱，不提供机上餐饮，减少空乘（控制成本），电话即可订票，提供点对点直航，办理登记更快捷（给乘客提供便利）。以上这些战略让西南航空公司在美国20世纪七八十年代航空业普遍亏损的背景下，生存并保持盈利。

太阳马戏团：

长期以来，马戏团需要依靠动物和马戏表演者进行表演，这种表演缺乏新意，并且近年来，动物保护组织对动物表演也越发抵制。诞生于加拿大蒙特利尔的太阳马戏团反其道而行之，重新创造了马戏。它抛弃了动物表演，把戏剧的元素引入马戏，如贯穿整场演出的故事线索、丰富的思想内涵、富有艺术气息的音乐和舞蹈等。自成立以来，太阳马戏团为1.6亿观众提供了3000余场演出，年营收10亿美元。而同时期那些有百年历史的老牌马戏团却纷纷以破产或者谢幕收场。

3.学习笔记和心得

很多企业管理者注重微观的管理和经营，反倒忽略了战略方向的重要性。寻找差异化，寻找蓝海可以让企业少走弯路，实现事半功倍的效果。再举两个胖东来的例子。

胖东来电器：

现在人们习惯在网上买家电，如洗衣机、电视机、空调。相比起来，网上买电器比店里买更方便，价格也更实惠。胖东来也销售电器，它不打价格战，重点强调跟踪式服务，从送货、安装、维修到后期保养，胖东来负责到底。原有家电厂家的服务叠加胖东来的优质服务，给顾客提供双保险。依靠这个策略，胖东来电器成功发现了一片蓝海。

胖东来服饰：

比起电器，线下服装零售更难做，人们通过电商平台购买服装，款式多，价格便宜，不满意还能退货。胖东来也销售服饰，不拼款式也不拼价格，它强调服装的质量和价格的透明度。这迎合了本地一大批关注质量和性价比的顾客。在服装销售领域，胖东来也开拓出了属于自己的蓝海。

类似地，爆火的胖东来茶叶、胖东来珠宝——其实过去这些行业竞争都很激烈，线下销售也没有优势，胖东来不在别人设定好的市场环境下竞争，而是重新定位，找到尚未开发却又对消费者有吸引力的蓝海。比如胖东来茶叶，主打价格透明，不乱标价；胖东来珠宝，主打真材实料，货真价实。这吸引了那些注重商品品质，又不愿意花时间去鉴别商品真假优劣的消费者。

■ 4. 躬身入局+事上练

有一句话叫"所有的生意,都值得重新做一遍"。"重做"不是走老路,而是重新思考有没有新的市场机会。凡事多问几个"为什么",去探索现象背后的原因。比如,人们都说餐饮业竞争很激烈,到底是哪个部分竞争激烈?为什么竞争激烈?

餐饮业竞争激烈是因为从业门槛比较低,只要会做饭就敢开餐馆。所以一些低端餐饮,菜品缺乏特色,卫生状况没有保障,选址也一般,这样的餐馆当然有竞争压力,很难生存。

那么这个行业的蓝海在哪里呢?现代人重视健康养生,把餐饮和食疗联系起来,有人开出了药膳馆、中医饮品店;每个人体质不同,对营养口味有不同的要求,有人开出了定制会员餐厅,提供定制化的高端餐饮服务;现在用餐的场景越来越多元,有人开出了亲子餐厅,如适合孩子单独就餐的宝宝餐厅、适合青年人聚餐的法式小酒馆等。总之,先寻找蓝海,再结合自身的优势,抓住蓝海里的鱼,这就是商业成功的奥秘。

■ 5. 更多学习资料:制定蓝海战略并有效落地的六项基本原则

一个企业想要制定蓝海战略并成功落地,可以遵循下面六项基本原则。其中,前四项为制定蓝海战略的原则,后两项为执行蓝海战略的原则。如果你的企业也迫切需要找到新的市场发展空间,避免红海无序竞争,那么你可以按照下面六项基本原则的指引,找到业务发展的蓝海。

原则一:重建市场边界,找到更有价值的领地。比如胖东来的自营加工食品其实不是跟其他超市在竞争,它已经进入餐饮行业的竞争中。

原则二：注重全局而非数字，不计较一城一池的得失。比如，京东最开始布局图书业务的时候，很多人反对，说图书业务不赚钱，但是图书给京东平台带来了巨大的流量，对整体非常有价值。

原则三：超越现有需求，找到更大的市场空间。比如，过去火箭发射一般都是由国家主导的，供国防和科学研究之用，但以 Space X 为代表的企业发展了商用航天技术，扩展了自己的用户群。

原则四：遵循合理的战略顺序，降低新商业模式的风险。比如，过去超市都是靠产品差价赚钱，好市多首创了靠会员/会员卡赚钱的模式，为推广这种模式，它们也经过了长时间的试验和试探，之后才大规模推广。

原则五：克服关键组织障碍，减少转型阻力。比如，柯达于1975年研发出了世界上第一台数码相机，但是因为各种阻力，柯达并没有全面转向数码相机业务，最后反而因为数码相机的涌现而没落。

原则六：重点抓落实，将战略执行变成战略的一部分。比如，胖东来重视自营产品，认为这是一片蓝海，于是投资15亿元，建设胖东来智能化综合生产基地[①]，加快中央厨房等重点项目的投产，这都显示出胖东来落实蓝海战略的执行力。

为了便于运用这六项基本原则，可参考图 2-5，评估现状并回答相应的问题，这样一方面可以找到商业蓝海的机会，另一方面也有助于落实蓝海战略。

---

① 资料来源："史根治到胖东来商贸集团开展专题调研"，许昌发布，2024年1月9日，https://mp.weixin.qq.com/s/2w8_401DCS6b1T4VP_F1xQ。

图 2-5　蓝海战略闭环图

● 是否有机会重建市场边界？

1）针对现有顾客，结合自己的业务范围来看，他们还有什么需求未被满足？

2）针对未被满足的需求，你有什么替代方案？

3）你有没有能力提供替代方案的产品？

4）客户是否愿意接受你提供的产品？

5）你提供的新产品是否有利可图？

6）这个产品和这块市场是否可持续？

● 新业务对全局的意义是什么？

1）是否能帮你增加客流？

2）是否能带来额外的收入？

3）是否能对其他业务线产生帮助？

4）是否能影响客户对企业和品牌整体的评价？

5）是否对其他门店/业务线有交叉影响？新旧业务线之间会有冲突吗？

6）是否会带给企业和品牌长久的好处？

7）新业务可能的风险和损失是什么，具体有多大？

8）新业务多久可以自负盈亏？

● 新业务能超越现有需求吗？

1）新业务还能吸引哪些类型的新顾客或者潜在顾客？

2）新业务的特色是什么？给客户提供的额外价值是什么？

3）这个新业务别的企业和品牌能提供吗？你的优势是什么？

4）为什么客户愿意为这个新业务买单？支付意愿有多大？

5）你的新业务容易被竞争对手模仿吗？

● 是否有合理的战略顺序？

1）对于新业务，你有没有做过用户访谈？

2）针对新业务，用户是出于好奇购买，还是真的能带给他们不一样的价值？

3）用户对新业务/新产品的价格接受度如何？会持续购买吗？

4）新业务/新产品的成本可以控制吗？多久能实现规模效益和盈亏平衡？

5）对新业务/新产品，消费者主要的意见和问题在哪里？

● 如何克服关键组织障碍？

1）公司内部对新业务怎么看？

2）新业务会影响老员工的收益吗？影响有多大？

3）新业务还会触及哪些人的利益？

4）公司内部谁最反对新业务，原因是什么？

5）新业务发展遇到最大的问题是什么？你打算怎么解决？

● 重点抓落实

1）有新业务落实的步骤或时间表吗？

2）为新业务匹配的资源有哪些？

3）有没有定期的新业务复盘会？

4）什么情况下，你会叫停新业务，决定性因素是什么？

5）关于新业务，你可以容忍的最大损失是多少？

6）新业务从出现到成熟，你认为预计的周期是多久？

7）新业务有没有专门的负责人，他的职责是什么？

第四节 胖东来为什么不怕抄袭
——企业的持续竞争优势

随着胖东来在网络上声名鹊起，另外一个跟胖东来有关的生意也随之出现，那就是"胖东来游学"。在胖东来天使城的门口，几乎每天都有各地的游学团来此探访学习。

这些学习者中，可能也不乏同行或者竞争对手。对于参观学习者，胖东来的态度倒是很开放。在胖东来门店的入口处，立有一块黑色的牌子，上面印有胖东来企业的经营理念，在牌子的底部有一行小字，"欢迎同行、兄弟单位参观指导，多提宝贵意见建议。如需帮助，请直接找部门主管，让我们相互学习，共同进步"。关于胖东来的企业经营理念标识牌，具体如图2-6所示。

图2-6 位于胖东来时代广场门口的企业经营理念标识牌（摄影：刘杨）

这种欢迎并不只是体现在口头上，对于参访者，胖东来也持开放的态度。在胖东来医药天使城店门口的玻璃上，"欢迎拍照"四个字印在显眼的位置。只要不打扰到别人，你可以随意拍照、摄像，甚至进行现场直播。胖东来"欢迎拍照"的标识，具体如图 2-7 所示。

图 2-7　胖东来医药天使城店"欢迎拍照"的标识（摄影：刘杨）

进入胖东来门店之后，一般在中庭位置，会有大的电子显示屏，点击大屏幕可以进入胖东来官网。官网内容包括"东来随笔""东来讲堂""文化广场""企业文化指导标准""百科""客诉""巡场""消费评价""民主评议"等。点击进入，可以看到前文提到的胖东来各岗位实操标准、胖东来各项管理办法、胖东来文化理念手册、胖东来培训资料、胖东来短视频、于东来内部讲话稿等几百个文件。初步统计，内容超过几千万字，为胖东来历年积累资料的大汇集。① 如果你是个有心人，可以从这些资料中系统了解胖东来内部管理的方法，甚至窥探到诸如企业五年内规划、员工

---

① 胖东来官网资料不定期调整，公布的内容也会发生变化。有些资料出现过，但后来下线。有些新资料会补充进来。

福利、工资待遇等在其他企业被视为高度机密的东西。胖东来官网电子显示屏可以参考图 2-8。

图 2-8　位于胖东来天使城中庭的"走进胖东来"企业官网电子显示屏（摄影：刘杨）

关于公开资料，也有人质疑，到底是真公开还是表面功夫呢？胖东来真的不怕大家把自己的绝招学去吗？其他企业真的可以从这些资料中学到胖东来的核心竞争力吗？这葫芦里到底卖的是什么药呢？

资料公开是真公开并不是做做样子，胖东来公开的是完整版资料而非精简版，并且资料很有时效性，绝大多数是胖东来当下正在应用和执行的文件，包括发布在官网上的于东来本人的讲话稿，这些讲话很多都是胖东来内部会议的会议记录。比如 2021 年 12 月，于东来有一次重要的讲话，叫"胖东来是一所学校，而非一个企业"，在这次讲话中，于东来谈到了企业的一些情况，他说："目前胖东来超市的营运质量还是在健康的范围之内，许昌今年的销售就是 21 个亿，整个的毛利率是在 22 个点左右，前台后台加一起，员工收入不含社保、不含利润分配平均是 5500 元，今年超市盈利大概会有 9000 万元。未来到 2026 年，我们计划完成 25 个亿，就比现在多 4 个亿到 9 个亿的销售目标，要完成这 9 个亿就很轻松了，再开两三个门店就行了。"①

在谈到业务规模和利润时，于东来说："胖东来超市目前实际的经营情况，超市目前是 31 个亿，许昌 21 个亿，新乡 10 个亿。其中，大胖 5 个亿，小胖 5 个亿，时代广场是将近 5 个亿，生活广场是 4 个亿左右；人民店有 1000 多平方米，劳动店有 1000 平方米，金三角店超市有 5000 多平方米，整体下来有 9000 多平方米，北海店有 12000 平方米，云鼎有将近 2000 平方米，超市有 1000 多平方米，禹州店有 1 万多平方米，超市有 6000 平方米，目前超市的员工人数是 2400 人，整体的净利率是 3.5%。"②

假如你是胖东来的竞争对手，看到以上这些，相当于你已经看到胖东来运营的情况和接下来的布局，在竞争中，让对手了解到自己的布局是很危险的。为什么胖东来不担心？胖东来自信的底气到底来自哪里呢？对于广大学习者来说，拿到了胖东来的资料，听到了于东来的讲话，就算"偷师"成功了吗？

在管理学上，谈到企业的优势，一般有如下几种：一是先发优势，指最先推出某种产品或者服务的企业，它们抢占了市场先机。很显然，胖东来没有先发优势，论开超市，胖东来不算早，包括推出自有品牌，这也不是胖东来的首创。二是差异化优势，指跟竞争对手销售不同的产品，提供完全不同的服务。胖东来的服务的确可圈可点，但好服务并不是胖东来一家独有，说服务是胖东来差异化制胜的关键，似乎也说不过去。三是规模优势，指通过扩大生产规模和销售规模，压低产品价格，形成竞争优势，

---

① 资料来源："【东来哥会议记录分享】胖东来是一所学校，而非一个企业"，"胖东来商贸集团"微信公众号，2021 年 12 月 25 日，https://mp.weixin.qq.com/s/Q8w9mVAE51Z-n9sEkQ9kaA。
② 资料来源：同上。

吸引消费者。论采购量和销售额，胖东来十几家门店的体量肯定没法跟永辉超市、沃尔玛这些全国品牌，甚至全球品牌一较高下。所以胖东来并不具备规模优势。综合起来看，以上这些管理学上常见的优势，胖东来都不具备。

那么，胖东来的优势到底是什么呢？胖东来跟一般企业不同，它真正的优势是"持续竞争优势"。也正是因为具备这个优势，胖东来才不怕公开"家底"，也不惧竞争。

什么叫持续竞争优势呢？简单来说，就是一个企业很难被复制或者被超越的公司资产、能力或属性。因为具备了这种优势，这样的公司可以轻松超越竞争对手，在市场或者行业中长期处于有利地位。具体来说，胖东来的持续竞争优势可以概括为两点，分别是因时而变和快速迭代。

胖东来第一个持续竞争优势是因时而变。所谓因时而变，就是结合市场状况和自身发展条件，灵活调整自己的策略，找到最适合自己的发展道路。研究胖东来的发展史，你会发现，它是因时而变的典型代表。

胖东来并非一出现就是现在这样，它也是经历了无数次的演进才变成现在的模样。胖东来的前身是1995年开业的望月楼胖子店，这是个烟酒门市部，也是于东来最开始起步的地方。为什么能起步？只有一个秘籍，那就是不卖假货，童叟无欺。1999年，胖东来量贩开业。量贩是当时新的业态，开架售货，物美价廉，这样的店很受老百姓欢迎。到1999年底，胖东来有了两家门店，1700万元资产。这之后，胖东来仿照量贩的模式，开了一大批社区店，包括五一店、六一店、新许店等，这些店面积不大，主要消费者是临近的社区老百姓。但很快，于东来就发现了问题，包括员工问题、管理问题等。2012年起，胖东来连续关闭了13家社区门店。2005年，胖东来新乡店开业，这是胖东来第一次走出许昌。2009年，胖东来时代广场店开业，这是一个包括超市、电器城、影城、服饰、美食城在内的综合性商场。2022年，胖东来尝试推出"批发集市"。有评论认为，这是胖东来仿效好市多进行仓储式会员店探索。①2023年，总投资达3.5亿元的胖东来天使城店开业，高峰时期，天使城每天客流量都在10万人次以上，最高达21万人次。②2023年3月12日，胖东来开通了线上购物平台。

综观胖东来的发展史可以看出，胖东来并不是没有走过弯路，现有门店布局也不是20年前就规划好的。在经营中，胖东来也学习了其他品牌的经营理念和方法，在对零售趋势的把握上，不管是量贩、社区店、综合性商场、批发集市，还是线上购物平台，可以说都紧扣了时代的脉搏。

胖东来从开业到现在将近30年，其实这也是中国零售业波澜壮阔的30年。30年前，零售业还是"百货大楼时代"；后来外资超市进入中国，开架售货的模式渐渐普及；再到最近，社区团购、电商、直播带货等直接冲击了原有线下零售店的业务体系。在波涛汹涌的大潮中，故步自封的企业根本跟不上时代，也适应不了消费者日渐变化的需求。

于东来在讲话中，多次提到，胖东来从其他商家那里学到了很多经验，如无印良品、家乐福、好市多、山姆会员店等。正因为如此，胖东来不怕竞争对手学习，不怕别人"抄作业"，因为你学习的只是昨天的胖东来，它改变的速度超过了你学习的速度。

胖东来第二个持续竞争优势是快速迭代。胖东来的快速迭代主要有两种方式：一种叫"微创新"，通过创新的手段改善经营状态，适应当下需求；另一种叫"自进化"，从发现问题到解决问题，从总结经验到全员推

---

① 资料来源："胖东来超市布局'批发集市'业务，探索仓储式会员店模式"，环球网，2023年6月7日，https://m.huanqiu.com/article/48KIZYHBdXC。
② 资料来源："实探：胖东来超市成'6A景区'，成功模式能否复制"，马纪朝，第一财经，2023年10月31日，https://m.yicai.com/news/101890898.html。

广，这个过程不是自上而下由领导安排的，而是自下而上由一线基层员工推动的。

先来看微创新。微创新就是通过细小的改变解决当下存在的问题，优化经营流程或者顾客体验。举个例子，如今的胖东来已经火遍全国，它早已不用为客流量和利润发愁，但人太多也是个问题，消费者的体验感变差了，于是胖东来推出了线上排队线下取货业务，推出了电商小程序业务，推出了柜台排号制度，这些微创新开始是以试点的形式出现，一旦效果显著就会变成"标准"在各个门店、各个业务口推行。

再来看自进化。自进化就是组织通过某种机制自我改变、自动进化。胖东来的自进化主要通过内部反馈和外部反馈完成。所谓内部反馈就是"巡场制度"。打开胖东来官网"走进胖东来"，会发现一个"巡场"板块，这个板块仅限胖东来企业内部使用，普通消费者无法访问。巡场主要就是巡场人员通过检查发现卖场里的问题，全公司曝光，实时解决。举个例子，某个饮料货架上的饮料标签有的朝外，有的朝内，摆放既不整齐也不美观，巡场人员看到后，会记录在案，并上传公司系统，饮料组的相关负责人看到这个记录后需要立即调改，并分析出错的原因，提出后续改进办法（如加强培训、处理相关责任人等）。巡场记录全公司可见，这对企业其他部门来说也是个很好的警示。

笔者有一次偶然看到官网上的巡场记录，粗略数了一下，胖东来十几个门店，一天有1000~1500条巡场记录。这就意味着胖东来每天有1000次改正提高的机会，也就是1000次的迭代。一个企业一天之内成长1000次，这样的速度全世界有几家企业能达到呢？

跟内部巡场对应的是外部反馈。在胖东来官网，目前顾客可以参与两个板块：一个叫"顾客意见"，一个叫"消费评价"。顾客意见主要是处理顾客线上的投诉和反馈意见；消费评价是评估顾客购物的总体体验。这些意见和评价胖东来会逐条处理，并以此为契机，提高内部业务水平。

举个例子，2024年3月26日22时38分，一位顾客通过微信向"胖东来许昌大众服饰"门店反馈问题，问题涉及顾客购买的一套四季套床品。顾客当时要7×7（被罩尺寸，即220cm×240cm，下同）的，打开一看发现是6×7的。针对顾客的问题，许昌大众服饰在2024年3月27日17时57分给予文字回复，内容要点包括：①主管第一时间与顾客沟通，顾客重新对商品尺寸进行核对，发现被罩规格为7×7，尺寸无差异；②针对顾客的问题，主管要求员工在之后的服务过程中详细告知商品特性、规格大小，并帮助顾客挑选合适的商品；③如果有其他需要帮助的，可以直接拨打大众服饰四楼值班电话；④胖东来人将竭诚为您服务，祝您生活愉快。

从整个处理流程来看，首先，问题处理非常迅速，未超过24小时。而且这24小时还不是处理问题的时间，而是24小时内完成问题处理，并形成最终处理意见报告。其次，彻底解决顾客的问题，让顾客满意，把投诉变成提高顾客满意度的机会。最后，举一反三，不是就着问题解决问题，而是通过某个具体问题发现普遍性的经验，从而提升服务质量。

表2-3列举了2024年3月胖东来部分顾客意见和处理结果公示，从中可以看到胖东来处理顾客意见和反馈的方式。

从公示的内容可以看出，针对不同问题，胖东来处理的方法也不一样，有直接退款的，有推荐购买的，有协助维修的，也有登记信息的。在处理完问题之后，还会附带一些改进的动作，如系统排查、加强巡场、优化服务细节等，这些改进可以有效避免类似的问题再次发生。

表 2-3　2024 年 3 月，胖东来部分顾客意见和处理结果公示

时间和地点	问题反馈	处理结果
2024 年 3 月 25 日 许昌金汇广场	昨天买的草莓今天吃就发现坏了一个	1. 主管第一时间与顾客联系，要求上门处理被顾客婉拒，后通过微信转账为顾客办理退款。 2. 立即对卖场现有商品进行排查，打开 5 盒暂未发现类似现象。 3. 利用班会要求员工在上货、理货时严格按照标准对商品进行开盒排查。 4. 卖场主管加大巡场力度，对商品不定时抽查。 5. 部门主管跟踪员工工作标准落实情况。 6. 如有其他咨询或需要帮助的，可直接拨打值班电话 16637416676
2024 年 3 月 26 日 许昌大众服饰	希望床上用品四件套能多点孩子的卡通系列	1. 主管第一时间与顾客电话沟通，通过添加微信分享图片的方式，为顾客推荐类似商品。 2. 顾客表示有喜欢的会与我们联系，我们会做好后续跟进服务。 3. 如果在卖场有买不到的商品，可以随时告诉我们的员工或营业期间拨打大众服饰四楼值班电话 15290970605
2024 年 3 月 26 日 许昌生活广场	买的鞋子还没穿多久上面的灰色部分就掉了	1. 主管第一时间与顾客沟通，建议顾客闲暇时携带商品到店。 2. 我们会根据实际情况协助办理维修，努力让顾客满意。 3. 经了解顾客购买的休闲鞋，日常穿着过程中弯折处或因为外力摩擦会出现涂层脱落导致漏底现象。感谢反馈，我们会关注其他顾客反馈并妥善解决。 4. 要求员工在销售过程中耐心给顾客讲解商品特性、打理保养及注意事项。做好售前、售中、售后的服务细节。 5. 如果需要其他咨询和帮助，可在营业时间拨打生活广场一楼鞋/包值班电话 15290970582
2024 年 3 月 27 日 新乡胖东来大胖	二楼饮水机时间快了三分钟	1. 主管已经与顾客电话沟通。 2. 结合直饮机厂家进行时间调整。 3. 感谢顾客的理解，如果有其他需要咨询的地方，可在营业时间拨打电话（大胖店）0373-3088888，（二胖店）0373-2817666
2024 年 3 月 27 日 许昌胖东来天使城	盲盒区多来点三丽欧 IP 的盲盒	1. 主管已与顾客电话联系，目前天使城百货专柜只有一款剧院系列有售，其他暂无库存。 2. 已经为顾客进行登记，到货后会与顾客电话联系。 3. 如有其他咨询，可以在营业期间直接拨打天使城二楼百货值班电话 16637401062

资料来源：胖东来官网资料"走进胖东来"顾客意见板块，https://i.azpdl.cn/pdl-index/event/advice/index.html?v=20220808。

正是因为这种内外部反馈机制，胖东来不需要自上而下的命令，自己就可以不断成长。不管是上千次的巡场，还是每一次顾客意见的处理，都给了胖东来向上成长的能量，这种自进化的力量是非常惊人的，在别的企业还需要依靠外部的咨询、培训提高战斗力的时候，胖东来自己就能让自己变强，这无疑是一种持续的竞争力。

综上所述，正是因为胖东来有这种不断变化、不断成长的能力，它才不怕模仿也不惧竞争，甚至在胖东来的官网上和各种宣传资料上，胖东来明确把自己定位为一所学校。学校的意思是，胖东来不但不怕别人学习，甚至还会打开大门，主动传授知识和经验。

除了欢迎大家参观拍照，在官网上公开各种资料，胖东来的创始人于东来还开通了抖音、小红书等社交媒体账号，通过文字、图片、短视频、直播连线等方式，传授胖东来一路走来的心得和经验。2022年开始，于东来还通过给同行讲课，给零售行业总裁班授课、派人上门辅导等，传播先进的管理和文化理念。2024年，胖东来公开发行了《走在信仰的路上——东来随笔 心的分享》一书，进一步传播自己的文化和理念。

即便如此，社会上依然有一种说法，叫"胖东来，你学不会"，意思是说，就算胖东来把所有东西全都摊开展示给你看，你也学不到它的精髓。这句话有一定的道理也没有道理。说它有道理，是因为胖东来的方法不是死方法，更不是教条，单单模仿胖东来的各种制度和理论，指望照抄就能复制一个胖东来，这当然行不通；说它没道理，是因为胖东来之所以有现在的成就绝不是偶然，一定是因为它遵循了一些原则，做对了一些事情，我们学习胖东来其实就是学习这些原则和方法。比如，前文提到的持续竞争优势、蓝海战略、需求层次理论、满足顾客情绪价值、打造企业价值链、重视服务细节、重塑顾客体验地图等。只有真正明白这些底层逻辑，并把这些认知应用到自己的企业，才能学得会，学得像。

所以，归根结底，不是胖东来学不会的问题，而是谁来学、为什么学、怎么学的问题。说到底，学习胖东来不是凑热闹，而是通过学习借鉴，打造属于自己企业的持续竞争优势。

知识卡片和学习心得

1. 持续竞争优势

持续竞争优势（Sustainable Competitive Advantage，SCA）是由哈佛大学商学院教授迈克尔·波特于1985年提出。波特认为，持续竞争优势能够保证企业在竞争中长期保持领先地位。拥有持续竞争优势是因为企业具备了两种能力，即成本领先（保持较低的价格）和差异化（与竞争对手相比，提供不同的产品）。要想获得持续竞争优势，有三个途径：一是拥有稀缺的资源和能力，如拥有某项专利技术等；二是有效地利用资源和能力；三是不断创新和改进。

2. 关于持续竞争优势的新发展

很多学者在研究中发现，持续竞争优势有两种：一种是企业的优势在某个时间节点上长期保持（主要是那些有垄断资源的企业或者特定优势的企业）；另一种是由多个短暂的优势叠加在一起，保持和延续某种优势（主要是那些不断创新、不断迭代的企业）。这两种情况都能让企业在一定时间内保持竞争优势，处于市场中的领先地位。

3. 学习笔记和心得

阿里巴巴在中国电子商务行业拥有绝对的优势，不管是从企业规模还是从市值来看，它都是当之无愧的优胜者，但是在2023年底，这种领先地位受到了冲击，后来居上的拼多多市值一度超过了阿里巴巴。

北京时间2023年11月29日晚，拼多多盘中市值达到1914亿美元，而阿里巴巴市值为1910亿美元。[①] 拼多多2015年上线，8年之后市值就超越了在电商行业深耕20年的阿里巴巴。有分析认为，这主要得益于拼多多海外业务Temu的迅速发展。

在企业界，这种后来者超越老大哥的案例不胜枚举。老大哥也在发展，但是后来者发展速度更快。如果后来者可以保持"持续竞争优势"，那么它将彻底改变竞争的格局。

4. 躬身入局 + 事上练

大部分企业都不是垄断型企业，也没有什么别人没有的资源，要想在竞争中取胜，最重要的有三点：一是找准方向；二是持续发力；三是自我迭代。很多时候，竞争不是为了打败对手，而是为了不断超越自己。

以拼多多为例，给拼多多带来巨大收益的跨境电商业务，其实阿里巴巴早在2010年就开始做了，截至2023年底，全球速卖通（阿里巴巴海外电商平台）独立访客数量为2290万人，而Temu（拼多多海外电商平台）上线仅半年，独立访客数量就达到7050万人。这说明，拼多多奉行的并不是"当小弟"的追赶战略，而是找到了符合自身特点的更好的发展路径。

5. 更多学习资料：通过竞争优势环状图找到自己的持续竞争优势

每家企业背景不同，拥有的条件也不一样，在分析自己企业优势的时候，要从企业的现状出发，找到可持续的竞争优势。

一般来说，要先从自己最拿手、最有优势的部分入手，判断企

[①] 资料来源："'电商一哥'换人！拼多多市值超越阿里巴巴"，新浪财经，2023年11月29日，https://finance.sina.cn/stock/relnews/us/2023-11-29/detail-imzwicqi5283411.d.html。

业是否具有资源优势（包括原材料资源、客户资源、独家或垄断资源等）；如果资源方面没有优势，就要看看自己在成本控制上是否具有优势，如果成本比同行低，并且这一优势能够长期保持，则可以确立企业具有成本优势；如果既没有资源优势，也没有成本优势，则要考虑产品和服务的差异化，推出有竞争力的特色产品，形成差异化优势；如果既没有资源，也没有成本优势，还没有差异化优势，可以考虑专注某个局部市场，或者针对某一小众人群，形成专注优势，集中力量主攻一个市场；如果以上的优势都没有，可以像胖东来一样，考虑迭代优势，保持企业处于不断进步和变化中，因时而变，不断迭代，从而保证自己拥有持续的竞争优势。

一般来说，以上的竞争优势只要有一项能持续保持，就能帮助企业处于市场中的有利地位，但是也有一些企业同时具备多个优势。比如美国的苹果公司，首先，它有一批忠实的粉丝（这些粉丝被称为"果粉"），即具有资源优势。其次，苹果自己专注研发，掌握核心技术，让代工厂代为生产产品，有成本优势。再次，苹果使用自己的iOS系统，有差异化优势。最后，苹果也是一家不断迭代的公司，除了苹果手机不断更新换代，在整个产品生态链上，也不断有相关的产品推出，具有迭代优势。

如胖东来，早期它销售的货品主要从厂家采购，因为采购量不够大，成本肯定不是最低的，货品不会是独家的，顾客对胖东来也没有忠诚性。所以它既没有资源优势，也没有成本优势，还没有差异化优势，但是随着企业的发展，胖东来开发出了不少自有品牌，有了一定的定价权，也拥有了一大批忠实客户，加上这20多年来它一直坚持的迭代优势，相比过去变得更有竞争力。

企业要想确认自己的持续竞争优势,可以按照递进的顺序做一个排查,先从最简单的资源优势看起,看看自己是否拥有独特的资源;如果没有,再看自己是否能形成成本优势;如果没有,再看有没有差异化的可能;然后再看能否专注某个领域;最后再看能否形成迭代优势。具体可参考图2-9,从最左边的圈开始,一层层展开。

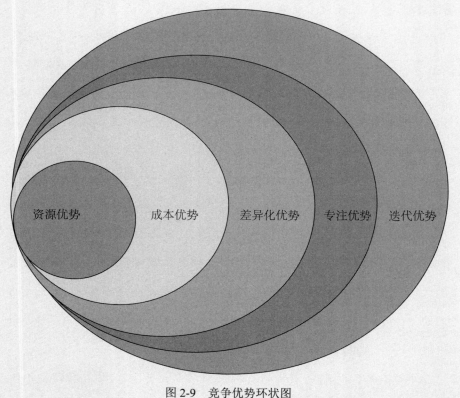

图2-9 竞争优势环状图

第五节 胖东来的葫芦里卖的是什么药
——从环境营造到体验经济

很多人来胖东来参观，当他们看到胖东来超市出口处有免费的冰袋供顾客随意取用时，会产生这样一个问题：冰袋放在这里，没人看管，会不会被顾客抢光？尤其是那些根本没有买冰鲜商品的顾客，也顺手牵羊拿走冰袋怎么办？

如果照着这个思路，可能会有一堆类似的问题。胖东来卫生间的卫生纸是随意取用的，会不会有人把整卷卫生纸抱回家？胖东来水果试吃台是随意试吃的，会不会有人专门跑来蹭试吃？胖东来洗手池配备戴森的水龙头和干手机，价值上万元，会不会有人根本不买东西，纯粹来体验这个高级设备？要是弄坏了谁来赔偿？

这些问题的答案倒是很简单，这些设施无人看管也不限制使用，但没人拿，也没人损坏。那么这就奇怪了，为什么有的人在其他商场/超市会偷拿公共物品（卫生纸、塑料袋），但到了胖东来，大家就好像换了一个人，素质瞬间就提高了呢？

超市是个公共空间，人流密集，人一多就不好管。比如一些公共场所明令禁烟，但依然屡禁不止，可是在胖东来的卖场，你绝对见不到有人抽烟。在别的地方，有的顾客会随手扔垃圾纸屑，但在胖东来，你在地板上看不到半点纸屑，甚至在停车场这种容易被忽略的地方，也没人吸烟，没人乱丢垃圾。在胖东来，人们会自觉排队，拥挤的时候，大家即使推着购物车也会相互礼让。这两年，胖东来因为网络传播突然爆火，有些门店略显拥挤，即便这样，人们依然很有秩序。仿佛只要进了胖东来的大门，人们就自动变得更文明、更有素质了。这是为什么呢？

有人说，这是因为胖东来管得严。跟很多企业把顾客当作上帝不同，胖东来对顾客有严格的要求。在胖东来门店门口显要位置，一般都有一个半米高的牌子，上面的内容是"关于不文明行为的公示"，明确指出如果有以下不文明行为，员工必须及时礼貌进行劝阻。更重要的是，如果制止顾客不文明行为遭到投诉，公司不接受投诉，员工若受了委屈，给予500元委屈奖。

不文明行为包括哪些内容呢？一共三个部分，分别是公共素养、卖场安全、食品安全和资源浪费。公共素养就是人们常说的个人素质和公德心，不文明的行为包括在卖场吸烟、乱扔垃圾、随地吐痰、随处吐口香糖、不按秩序排队、长时间占用公共设施、大声喧哗、醉酒闹事、影响他人及正常经营秩序等。卖场安全的不文明行为包括在卖场追逐打闹，在凳子、购物车上玩耍，携带宠物、易燃易爆品进入卖场，在直行电梯内蹦跳、拍打、阻挡电梯门等。食品安全和资源浪费的不文明行为包括随意拆除商品包装进行挑选，用手直接接触没有包装的食品类商品，购买瓜果、蔬菜叶时掐根去叶，大量拿取手撕袋、冰袋、纸巾、创可贴、发夹、梳子、护手霜、一次性用品（筷子、手套、吸管、叉子、牙签）等便民物品。具体关于不文明行为的公示，可以参考图2-10。

胖东来拒绝服务不文明的顾客。当然，拒绝只是一方面，拒绝的作用是定规矩，引导好的行为，正如"关于不文明行为的公示"中所说，要让卖场充满"真诚、善良、积极、有爱的氛围"，而这种氛围是一种良性循环，那些本想做点不文明事情的人，也在这种氛围的感召下变得文明了。

图2-10 胖东来关于不文明行为的公示（2021年7月2日发布）（摄影：刘杨）

看完了胖东来对环境的要求，我们可以对比一下那些气氛和环境营造不好的卖场或者商家。有些卖场东西摆放混乱、购物车损毁严重，生鲜区堆满了烂菜叶和各种垃圾，在这种环境下，那些本来素质很高的顾客也会选择"破罐子破摔"，既然别人不讲究，我也干脆不讲究，这在心理学上叫作"破窗效应"（Broken windows theory），也叫破窗理论，意思是如果一栋建筑中一扇窗户被打破但是没人修复，那要不了多久，附近的其他窗户也会接连被破坏。同样地，在一个卖场里，有人第一个丢下烟头，那么后面就会有第二个、第三个丢烟头的人。如果有人破坏了卖场环境，但没有人进行管控，那么接下来大家会变本加厉。

卖场环境极大影响着人们的购物体验，而且，这里所说的卖场环境既包括物理层面的环境（如空间是否整洁、明亮，地面是否干净、卫生等），也包括心理层面的环境（如服务人员是否热情、遇到问题能否得到解决、其他顾客是否有素质等）。

相比于其他卖场，胖东来的确营造了非常好的环境。有人说，之所以喜欢逛胖东来就是因为体验好。那么胖东来究竟提供了哪些体验呢？从进停车场开始，停车场有人指挥停车，大家有序排队进场，这是一种文明有秩序的体验；进了卖场，有些地方需要排队，排队的时候，大家不拥挤，不插队，这是一种优雅生活的体验；接触商品的时候，商品干净整洁，标签清晰，陈列美观，这是干净整洁的体验；选购商品的时候，胖东来不但有常规商品，还有一些新奇和引领潮流的商品，这给顾客带来关于美好生活的体验；在跟服务员交流的时候，服务员不夸大、不隐瞒，处处为顾客着想，这带来信任、可靠的购物体验；想更多了解商品的时候，服务员会给予专业的介绍，有些食品还可以免费试吃，这又带来专业和身临其境的体验。转了一圈下来，不管你有没有买东西，都获得了比较好的体验。

说到这，可能有人会觉得，体验又不收费，会不会来逛的人多但花钱的人少呢？完全有可能！现在很多卖场热衷于搞网红经济、打卡经济，很多人跑来拍个照，逛一圈就走了，根本不会消费。这种体验就不能转化成销售额和利润。真正想要把体验转化为效益，还需要两个条件：第一是关联性，第二是互动性。

以胖东来为例，胖东来带给大家的体验是购物体验，而不是拍照、打卡体验，这跟它的主营业务是关联的。购物体验包括什么？其实就是前面说到的停车体验、排队体验、浏览选购商品体验、咨询体验、试吃体验等。有了这些体验，消费自然就是顺理成章的。

另外，在消费者体验过程中，胖东来并不是像展品一样摆在那里让人参观，而是有很强的互动性。比如，很多人描述自己逛胖东来的体验时，都会提到"服务员态度好""笑脸相迎""耐心讲解""有问必答"等，在这种交互下，消费者不太可能变成一个旁观者，很容易产生购物的冲动。

以上这种基于公司主营业务，又强调互动性的体验，被称为体验式销售，也叫体验经济。跟传统的销售产品或服务的经济模式不同，体验经济不着急向消费者推销什么，而是通过营造舒适、温馨的场景，让消费者获得愉悦的体验，从而决定购买或者多次反复光顾。比如家居行业，传统的销售方法是以产品为中心，销售大厅陈列着沙发、衣柜、写字桌、床等产品，顾客来了直奔主题，直接购买。来自瑞典的宜家家居则使用了体验式的销售方式，它用大量的空间做家居展示，甚至提供装修好的样板间供顾客参考，让人身临其境，从而激发顾客购买的意愿。类似的还有星巴克，星巴克提供了舒适的沙发、美妙的音乐，而且服务人员在你面前展示咖啡的制作过程，在星巴克喝咖啡会让人有一种特别的体验。也正是这种特别的体验，让星巴克成为世界上最成功的咖啡连锁品牌之一。

从销售产品到体验经济，这是一个质的飞跃，销售产品是站在卖方的立场"要你买"，而体验经济是站在客户的角度，是"你要买"。在现代市场竞争格局下，单向的推销已经很难打动人，反而是体验经济更能吸引顾客。以商超行业为例，曾经低价是商超行业的利器，只要便宜就有顾客，只要打折就有销量。但是随着消费者越来越成熟，包括很多90后、00后开始成为消费的主力，消费者的消费心理和消费偏好已经发生了变化，大家开始追求更美好的体验而不仅仅是低价格。

当然，营造消费体验也需要讲方法，这被称为体验管理。营造好的体验有三个关键词，分别是匹配、换位思考和控场，这三者缺一不可。

"匹配"就是在设计体验场景的时候，保证体验要跟自身定位相匹配——既要保证体验的各个环节互相匹配，又要保证外部环境和内部环境匹配。以商超为例，有的卖场装修得过于华丽，消费者不敢进，这就偏离了企业本身的定位。有的卖场虽然面向中高端消费者，但在商场中庭设置了特卖区，每天乱糟糟的，这肯定会影响顾客的体验和感知。有的卖场外观时尚现代，但是服务员对顾客爱搭不理，顾客购物生一肚子气，这种体验也一定不会太好。

"换位思考"就是要经常把自己置换到顾客的位置上，客观评价现有的体验设计。比如很多店铺都有导购员，顾客一进到店铺导购员就会跟在身后，或者一个劲地问你"想看点什么？""有什么可以帮你？"其实这会让顾客很不舒服，会破坏顾客的体验。对此，胖东来的办法值得借鉴，在商品或者设备旁，胖东来设置了很多的卡片和贴纸，你可以通过阅读卡片或者贴纸上的文字了解相关的介绍。如果还是不明白，你可以随时寻求服务员的帮助，这样就会很自然。

比如在胖东来夹娃娃机上面，有这么一行小字，"夹娃娃攻略：偷偷告诉您，尽量在一台机器上进行夹取，概率会更大哟"。这句话里，工作人员是站在顾客的立场，为他们出谋划策，而且以文字的形式展示，又不会干扰顾客的体验。另外，在这行字的上方，还有一个贴心小提示："如果您喜欢'我'，请告诉我们的工作人员，他们会把我摆放到最上面，便于您带我回家。"这是什么意思呢？如果自己想要夹的娃娃被压在底层，一般我们会觉得失望，或者投很多币把上面的拨走再夹下面的，胖东来再次从顾客的立场出发，帮你"作弊"，直接把下面的玩偶翻上来。这条提示会让顾客觉得很温馨，也会极大提高顾客的体验感。关于胖东来夹娃娃机的文字提示，可参考图2-11所示。

图2-11　胖东来夹娃娃机上面的文字提示（摄影：刘杨）

"控场"，就是控制现场，过滤掉不和谐因素，这一点在营造体验环境时尤其重要。举个例子，宜家家居希望在展厅营造家的氛围，让顾客感到温馨，但是有的顾客走累了直接睡在展厅的床上，或者直接坐在沙发上吃东西，这就破坏了宜家希望营造的氛围。像这种情况，应该立即加以制止。前面提到的胖东来"关于不文明行为的公示"也是同样的道理，你可以不买东西，但是你不能破坏这个环境，因为环境直接关乎所有顾客的体验，这远比某一单生意来得重要。

另外，还有一个细节值得关注，很多卖场为了增加收入会有一些商业合作或者联营的设备。比如厕所门口有一个纸巾机器，扫码就能得到纸巾；

比如中庭有一个身高体重测量仪,投币或者扫码就能测量身高体重;或者有些卖场设有按摩椅,扫码付钱就能按摩;等等。这些一般都是卖场与外部商家的合作,卖场不用购置设备,还能收占位费或者月租金。

但是在胖东来,几乎看不到这一类的东西。厕所的卫生纸是免费的,不需要扫码就能获得;身高体重测量仪是免费的,不用扫码也不用加微信;中庭的长凳是免费的,不需要付费就可以坐。

为什么胖东来放着便宜不占,要自己做这些事?其实答案很简单,这种小钱如果让利给顾客,能极大提高顾客的消费体验感。想想看,在厕所门口,你为了拿一张厕纸,反复扫码加微信,最后还被骗了,你会非常恼火,可能还会把怒气发到商场身上,觉得是商场把关不严才给自己带来麻烦。有的人会因为这件小事,搅坏了整个购物的心情。对商场来说,这都是得不偿失的事。在这一点上,胖东来控场控制得非常好,提前把可能的风险化解掉了。

相比起来,体验经济模式比单独销售产品对顾客来说更具吸引力。胖东来的爆火也再次证明了这一点。在零售行业,优化购物流程,打造极致的客户体验,的确能取得事半功倍的效果。

知识卡片和学习心得

■ 1. 体验经济

美国著名商业战略专家约瑟夫·派恩(B. Joseph Pine II)和詹姆斯·吉尔摩(James H. Gilmore)在《体验经济》一书中提出了体验经济(The Experience Economy)的概念。书中提到,单单产品和服务已经无法支持经济的增长,相比产品经济和商品经济,体验经济是更高、更新的经济形态。

体验经济中的"体验"指的是每个人以个性化的方式参与其中的事件，是当一个人达到情绪、体力、智力甚至精神的某一特定水平时在意识中产生的美好感觉。而体验经济是从生活和情境出发，塑造感官体验及思维认同，以吸引顾客的注意，改变消费行为，并为商品找到新的生存价值与空间。

2. 经济模式发展的四个阶段

纵观经济发展的历史，第一个阶段是产品经济时代，当时商品短缺，产品即是价值；第二个阶段是商品经济时代，这个时期产品极其丰富，竞争激烈，产品要变成大众接受的商品才有价值；第三个阶段是服务经济时代，它注重客户关系，通过服务向顾客提供个性化的利益；第四个阶段是体验经济时代，它重视顾客消费过程中的体验，希望顾客获得心理上的满足。

3. 学习笔记和心得

越来越多的企业认识到体验经济的价值，很多行业也在往体验经济转型。比如短视频行业，如抖音、快手、微信视频号、B站等，用户免费观看，有比较好的体验，平台靠广告、流量或者电商盈利；比如一些手机App（应用程序）或者网络游戏，用户免费使用，商家在程序内收费（如购买高级功能、购买道具、订阅等）。

4. 躬身入局+事上练

要想搭上体验经济这班车，需要做两件事。

第一，设计"体验+变现"的商业模式。很多商家并不靠体验赚钱，体验只是附送服务的一部分，消费者体验之后，要么购买产品（体验后购买），要么对体验形成偏好（培养忠诚度），要么提高了付费意愿（正式产品比体验价贵）。也就是说，要么把体验做成变现的敲门砖，要么把体验变成产品的一部分，提高产品价值。

第二，优化体验流程，所谓优化体验流程，概括成一句话就是"不要让顾客出戏"，要让顾客沉浸在体验中，完整感受，不要人为打断这个过程，更不应把顾客拉回现实中。比如，顾客正在体验一款产品，还没有决定是否购买，这时候销售人员喋喋不休地跟他说产品的性价比、优惠力度，这反而会让顾客出戏。

■ 5. **更多学习资料：通过体验经济三角模型设计商业闭环，实现"惊险一跃"**

体验经济中的"体验"要以商品为道具，以服务为舞台。什么意思呢？首先，体验要围绕商品这个核心进行设计，离开商品谈体验，焦点就偏移了。其次，体验是通过服务呈现出来的，这里的服务包括服务人员的服务、服务设施的服务、用户自助的服务等。

跟服务有关的有两个要素：一是场景，即在什么场景下提供什么服务；二是转化，即通过服务，最终实现由服务到销售的"惊险一跃"。若用图形表示，就是以商品为核心，设置三个维度，即场景、服务和转化，具体如图2-12所示。

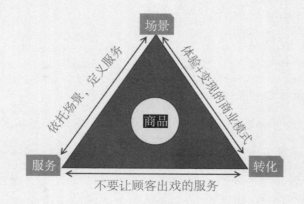

图 2-12　体验经济三角模型

结合图2-12，回答下面的问题，设计体验经济商业闭环。

①你销售的商品是什么？你提供的体验是不是围绕商品的？

②客户体验的场景是什么？跟商品有关吗？

③在这个场景下，有什么服务？这个服务跟商品的关系是什么？

④这个服务会带来后续销售的转化吗？转化时会扰乱客户的体验吗？

⑤当前场景下，如果客户想要购买，需具备什么样的购买条件？

⑥客户的购买和体验有没有关联？

⑦当前的场景有助于客户的体验吗？

⑧在当前场景下，还有哪些干扰会影响客户体验？

⑨设计的体验带给用户的价值是什么？

⑩用户需要为这种体验额外支付费用吗？

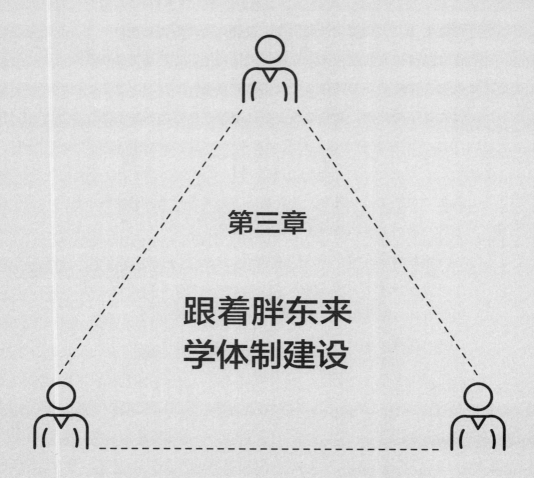

第三章

跟着胖东来学体制建设

　　创新和理念能带动局部的发展,而体制却能保证企业整体的方向和基本的运行规则。从全局的角度看,体制建设奠定了公司发展的基石,同时,好的体制也能激发出无限的活力。我们可以把体制建设看作肥沃的土壤,在这片土地上能生长出"创新""活力""执行力""效益""企业文化"这些果实。

第三章 跟着胖东来学体制建设

第一节 会赚钱也会分钱
——胖东来的股权和分配体制

胖东来是一家很有意思的企业,很多人了解它并不是通过专业媒体的报道,而是通过网络上的口口相传。在自媒体的信息传播中,有一些内容被歪曲了,有一些内容又被放大了。比如关于胖东来创始人于东来的持股比例,网络上有人说,于东来把公司股份全部分给了员工(也有说法是于东来只有5%的股份)。关于利润分配,网上有不少说法是"于东来把企业利润的95%(也有说法是90%)都分给了员工"。随着这些传言不断被添油加醋,胖东来的形象也被传得越来越神乎其神。

以上这些说法反映了网友们对一家美好企业的期待,真实性有待考察。而对于那些研究、学习胖东来的人来说,透过这些传言看到真实的胖东来,并从这些现象背后分析胖东来的体制和运营模式就显得尤为重要。以股权结构为例,怎么设计持股比例跟企业架构密切相关,而股权结构又影响着管理者的话语权、利润分配机制和企业的长远发展规划等。要想跟着胖东来学体制建设,第一步就是要搞清楚真实的胖东来到底是什么样的?运转的逻辑是什么?股权和分配体制之间又有什么关联性?

股权决定了公司的基本架构,也是公司的顶层设计。胖东来公司的股权结构相对比较简单,根据国家企业信用信息公示系统,许昌市胖东来商贸集团有限公司目前有五位股东,分别是于东来、于东明、于娟、张春兰、房亚军。① 具体可参考图 3-1。

序号	股东名称	证照/证件类型	证照/证件号码	股东类型
1	于娟	非公示项	非公示项	自然人股东
2	房亚军	非公示项	非公示项	自然人股东
3	张春兰	非公示项	非公示项	自然人股东
4	于东来	非公示项	非公示项	自然人股东
5	于东明	非公示项	非公示项	自然人股东

图 3-1 许昌市胖东来商贸集团有限公司股东名称

在持股比例上，根据天眼查的数据，于东来持股 69.9647%，张春兰持股 14.1343%，于东明持股 5.3004%，于娟持股 5.3004%，房亚军持股 5.3004%。其中，于东来为公司实际控股人。② 关于许昌市胖东来商贸集团有限公司股东持股比例，具体可以参考图 3-2。

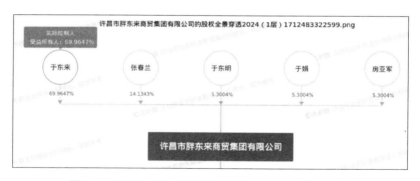

图 3-2 许昌市胖东来商贸集团有限公司股东持股比例

---

① 资料来源：国家企业信用信息公示系统，查询日期：2024 年 4 月 7 日。https://shiming.gsxt.gov.cn/%7BE8367CD7D9DE5AA11EB50304BBD4D1DF74FC6DD2D55D3243090E00AB2374D17ACC442B5A1017867D0608F38819AF3E39B04E6C7609B7A1942A083500BE1E820EF29CF29CF2038F738FE18FE18FE18FE11DEC8273827382699194C3412897F8FDDE6866D900FC00107EBD2CD7AC3DB5B00FD62A442A442A44-1712484480282%7D。

② 资料来源：天眼查，查询日期：2024 年 4 月 7 日。https://www.tianyancha.com/company/480167657?holderPenetrate_full=true。

在股权穿透关系上，许昌市胖东来商贸集团有限公司（以下简称"胖东来商贸"）100%持有下列公司股份：许昌市胖东来时代百货有限公司，许昌市胖东来天使城文化娱乐有限公司，许昌市胖东来天使城商贸有限公司，许昌市胖东来爱精制电子有限公司（已注销），许昌市胖东来天使城影业有限公司，许昌市胖东来餐饮有限公司；部分持有下列公司股份：许昌市华人副食百货有限公司（已注销），许昌市胖东来超市有限公司（持股比例63.333%），许昌市胖东来药业连锁有限公司（持股比例51.6129%），许昌市胖东来集团禹州华强电器有限公司（已注销），许昌市胖东来唯初珠宝有限公司（持股比例50.7042%）。其中，许昌市胖东来超市有限公司有100%控股两家子公司，分别是禹州市胖东来超市有限公司和许昌市胖东来实业有限公司。简单来说，于东来和其他四位股东通过胖东来商贸间接持有13家公司（其中3家已注销）。

对于胖东来商贸部分控股的企业，以许昌市胖东来超市有限公司为例，有另外九位自然人股东，分别是于东来（10%）、卜景伟（3.3333%）、申红丽（3.3333%）、关晓娜（3.3333%）、翟玉龙（1.6667%）、曹红梅（1.6667%）、陈金彩（1.6667%）、张洪涛（1.6667%）、程伟（1.6667%）。根据天眼查数据，其中关晓娜为许昌市胖东来超市有限公司执行董事兼总经理；卜景伟曾担任许昌市胖东来烟酒有限公司胖东来古槐店负责人；申红丽曾担任许昌市胖东来超市有限公司时代广场和许昌市胖东来超市有限公司茅五剑旗舰店法定代表人；陈金彩为许昌市胖东来超市有限公司金三角店负责人；张洪涛为许昌市胖东来实业有限公司执行董事兼总经理；程伟为许昌市胖东来超市有限公司生活广场负责人。[①]

[①] 资料来源：天眼查"许昌市胖东来商贸集团有限公司"相关信息，查询日期：2024年4月7日。https://www.tianyancha.com/company/3166283157。

通过上面的公开资料，我们可以得出几个结论：第一，胖东来的股权结构很简单，没有什么家族公司，也没有什么风险隔离公司，更没有什么境外协议控股，股权结构非常扁平。这样的好处是，责权利清晰，企业管理比较简单，不容易受到外力干扰。第二，于东来是大股东，直接和间接持有各公司超过 50% 的股份，集团公司其他股东均为自然人，这样可以保证公司各项制度顺利推进，也保证了决策的效率。第三，其他自然人股东中有部分是公司高管，把股份分给高管，有助于落实管理责任，大家一荣俱荣，一损俱损，这样可以调动高管的积极性，并为管理者提供上升通道。第四，胖东来员工并没有直接持股，员工的效益通过企业利润体现，而创始人和高管的利益通过股权体现，这也是胖东来可以把大部分利润发给员工的根本原因。

网上很多人把胖东来成功的原因概括为"会挣钱也会分钱"。会挣钱说的是胖东来有正确的产品理念和经营理念，在实体零售业不景气的今天，依然能产出效益；会分钱说的是胖东来产出的效益大部分都回馈给了员工，这就培养了一批幸福感高又能打硬仗的团队，这反过来又帮助胖东来获得更多利润。

2022 年，于东来帮助一家兄弟企业做管理提升，他又再次提到了涨工资这一点，"你们目前有员工 1320 人，如果是这样，平均每个人工资涨幅在 950 元，员工工资的涨幅 600 元左右，其余是管理层的，有多大的能力就发多少，能发更多的话更开心……想让我们的企业成为幸福的企业，就要尊重我们的员工、关心我们的员工，让我们的员工对这个企业充满信任"。[①]

---

① 资料来源："东来哥与联商学员实地指导——安徽绿篮子企业（一）"，"胖东来商贸集团"微信公众号文章，2022 年 7 月 1 日。

郑州商业观察的一篇文章中，提到胖东来股权设置方案中有一个非常亮眼的地方，那就是"岗位股权制"。所谓岗位股权，就是跟岗位挂钩的股份权益。员工不用出资持股，而是根据所在岗位的不同，享受不同的股权收益。而随着员工岗位的变化，股权也会随之变动。举个例子，假设今年胖东来的净利润为1亿元，拿出90%分给员工就是9000万元，但这9000万元不是按人头平均分，而是根据岗位的不同来计算股权收益。股权分配上，"股随岗走"，这样的好处是"强调岗位的重要，而削弱个人的作用"。[1]

在人力资源设置上，胖东来为员工设置了四种成长通道，分别是管理人员、星级经营人员（一线管理人员）、星级员工（一线服务人员）、技术明星（后勤技术保障）。各条线的员工都有自己的晋升空间。胖东来虽不太注重学历，但非常重视员工的态度和能力，如果能力可以达到相应的岗位标准，就有可能得到提升。[2]

除此之外，胖东来的股权和体制也保持与时俱进，这一点可以从一个细节看出来。根据天眼查得到的胖东来股东历史数据，2007—2009年，于东来在胖东来的持股比例为60%左右，2011年12月，于东来降低了自己的持股比例，仅持股17.2%，同时又引进了21位新的股东（总计股东数为24人）。对照胖东来的发展历史，这段时间胖东来关闭了很多门店，内部也进行了诸多改革。"2012年起，在胖东来的大本营许昌，于东来关闭了五一店、六一店、新许店等13家门店。与关店相对应的，是胖东来内部的调整，比如出台新的员工管理手册，把差的员工淘汰出去，等

---

[1] 资料来源："胖东来股权分配体制全剖析"，郑州商业观察，引自"北大纵横"微信公众号文章，2014年9月26日，https://mp.weixin.qq.com/s/uYqSPwKpx6m07L_qRB_A5w。

[2] 资料来源：同②。

等。"[1] 从 2012 年开始，胖东来继续调整股东结构和持股比例，截至 2023 年 12 月 24 日，胖东来商贸仅保留了 5 位股东，于东来的持股比例也达到了 69.9647%[2]，而通过胖东来商贸控股的 10 家公司具体负责胖东来各门店及各业务线的生意。这样一来，胖东来商贸作为集团公司控股 10 家子公司，子公司再有专门的负责人对经营业绩和结果负责。这样做的好处是，各子公司可以各负其责，根据分公司独立的业绩考核目标进行利润分配也更加合理。

总结一下，胖东来的股权结构和分配体制可以概括为四句话：第一，股权结构扁平化，便于高效决策；第二，创始人和高管持股，员工通过岗位股权制，享受企业利润和股权利益；第三，集团公司控股各业务子公司，便于业务和绩效管理；第四，股权结构和体制保持与时俱进，在不改变企业管理模式的基础上，灵活处理股权与利益分配的问题，实现效益最大化。

很多人仅仅把股权看成法律问题或者财务问题，其实，股权和公司结构是体制问题，好的体制既能激发人们的积极性，又能保证公平。外界看到胖东来拿出大部分利润分给员工，一般会认为这是创始人于东来的格局比较大，有大爱——这当然不可否认。除此之外，也是因为胖东来有好的体制。在这套好的体制下，管理层各司其职，员工铆足干劲，上下一心，会挣钱也会分钱，何愁企业没有发展呢？

---

[1] 资料来源：刘杨. 觉醒胖东来 [M]. 北京：中国广播影视出版社，2023.
[2] 资料来源：天眼查"许昌市胖东来商贸集团有限公司"相关信息，查询日期：2024 年 4 月 7 日。https://www.tianyancha.com/company/3166283157.

知识卡片和学习心得

1. 所有权结构与公司治理

拉菲·拉波塔等人于1999年发表论文《所有权结构与公司治理》，提出了所有权结构与公司治理（Ownership Structure and Corporate Governance）的关系。这篇文章的观点包括：①所有权结构会影响公司治理结构。例如，如果公司的所有权集中在少数股东手中，那么这些股东就更有可能参与公司治理，而不是人浮于事；②公司治理会影响公司绩效，有效的公司治理可以帮助公司提高效率，并做出更好的决策；③企业应设计有效的所有权结构，达到激励管理层、保护投资者权益的目的。

所有权结构也被称为股权结构，两者的细微差别在于所有权结构侧重于所有权益的分配，股权结构侧重于股东持股比例。这是公司管理体制和各项制度的基石。这就好比盖房子，股权（或所有权）决定了房子的地基，只有地基稳固了，房子才能坚固。

2. 三种常见的股权结构

公司的股权结构多种多样，一般来说，股权结构有三种常见的类型：第一，高度集中型。公司拥有绝对控股的大股东（拥有公司50%以上的股份），其对公司有绝对控股权；第二，高度分散型。公司没有大股东，个人股东持股比例均低于10%，公司的所有权和经营权基本完全分离；第三，制衡型。公司拥有较大的控股股东和其他大股东，这些人的持股比例为10%~50%。

对照上述分类标准，胖东来属于第一种，于东来个人持股69.9647%，是绝对控股的大股东，这有利于企业经营决策，也有利于领导人意志的贯彻。公司其他股东为业务部门或分公司业务负责人，这样的安排有助于调动企业高管的积极性，形成风险共担、利益共享的共同体。

3. 学习笔记和心得

从股权结构来看，胖东来有三点值得学习：第一是极其简单、透明的股权结构，没有复杂的穿透关系，既节省了股东之间的沟通成本，又有利于权益分配；第二是股东权益和企业利益分配双线并存，股东享受企业成长带来的长期利益，员工兑现当期利益，大家各取所需，能动性均能被激发出来；第三是创始人为控股大股东，掌握企业的话语权，保证企业发展的方向。

4. 躬身入局＋事上练

很多初创企业不了解股权结构的重要性，也不了解股权结构的基本知识，一上来就是平分股份，比如三个创始人，每人33.3%的股份。这其实为日后企业发展埋下了隐患。平均分配的股权意味着企业没有大股东，重大问题不容易决策，一旦股东之间产生分歧，也不容易协调。一般来说，核心创始人最开始应保持60%~70%的持股比例，这样即便日后有外部投资或者期权池，股权被稀释后，核心创始人依然能保持50%以上的持股比例。这有利于企业保持长期稳定地发展。

在持股比例上，应遵循应需而变的原则。如果某种持股比例影响了企业的发展，股东之间尽量能协调出更有利于企业发展的股权结构，如胖东来，于东来个人的持股比例几经变化，从最开始的60%下降到17.2%，再上升到目前的69.9647%，这若干轮调整，也是为了适应企业发展的需要。因为只有把企业的盘子做大，所有股东才能获益，不然的话，股份仅仅是一个数字，没有任何意义。

5. 更多学习资料：用股权穿透图绘制股权结构

企业的股权结构要跟企业发展的阶段和需求相匹配，也要考虑创始人和其他股东具体的情况。一般来说，初创企业的股权结构比较简单，随着企业业务的扩张、新股东的加入，股权结构会变复杂。但归根结底，股权结构代表着股东直接或间接持有公司股份或者关联业务公司股份。

为了让股权结构一目了然，我们一般会使用股权穿透图。股权穿透的意思就是对于企业背后的股权结构进行准确的分析，它向上可以渗透到股东公司，向下可以渗透到子公司，清晰显示向自然人和法人层面披露的企业所有合伙人信息。[①] 图 3-3 为许昌市胖东来商贸集团有限公司股权穿透图。

图 3-3　许昌市胖东来商贸集团有限公司股权穿透图

图片来源：天眼查网站 查询日期：2024 年 4 月 7 日。https://www.tianyancha.com/company/480167657?holderPenetrate_full=true。

对于一般企业来说，先确定集团公司或者总公司（母公司）股权结构——对于初创企业来说，需要先确定原始的初创公司股权结构。公司股东分自然人股东和法人股东，自然人股东是指拥有公民身份的

---

① 资料来源："股权架构图和穿透图的区别，股权结构的类型"，YanBao.us 网站，http://yanbao.us/article/4712.html。

股东，法人股东亦称单位股东，是指以公司或集团（机构）名义占有其他企业股份的股东。股东们可以商定股份比例，但公司所有股份加在一起，总额要等于100%。

如果企业后期发展壮大，需要总公司参股下属子公司，可以由总公司作为法人成为子公司的股东。总公司可以100%控股分公司，也可以只占一部分股份。如果只占子公司部分股份，那么子公司其他股份可以由自然人或其他法人股东持有。图3-4为简易的股权穿透模型，企业可以根据自己的实际情况，在图中填写股东的数量、构成，以及股份比例。

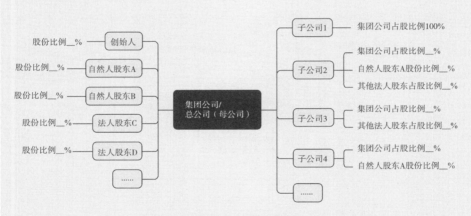

图3-4　股权穿透模型

比如某企业总公司里，创始人股份比例为75%，自然人股东A股份比例为15%，自然人股东B股份为5%，法人股东C股份比例为3%，法人股东D股份比例为2%。总公司下属4家子公司，其中子公司1由总公司100%控股；子公司2占股比例为90%，自然人股东A股份为6%，其他法人股东占股比例为4%；子公司3占股比例为60%，其他法人股东占股比例为40%；子公司4占股比例为95%，自然人股东 A 占股比例为 5%。

通过股权穿透关系，也可以计算出总公司股东间接在子公司持股的情况。比如创始人占总公司 75% 的股份，那么在子公司 2 中，总公司占股 90%，75%×90%=67.5%，相当于创始人在子公司 2 中持有 67.5% 的股份。

第二节 从0到1的方法论
——从局部创新到全员创新

有一句话叫"罗马不是一天建成的",对于一个企业来说也是如此,企业的各种管理制度、经营方法也是靠长期积累建立起来的。胖东来于1995年成立,经过20多年的发展,从一个街角烟酒零售店演变成现在的年营业额百亿的商贸集团,与此同时,经历这20多年的发展,胖东来从无到有,积累了大量先进的制度、方法和文化。我们现在能看到胖东来官网公布的各项管理制度、员工实操手册、企业文化理念手册、新员工手册等,都是创新的产物。

企业的创新分好几个层次,最简单的是单次和局部的创新。比如,企业的创始人有一项发明专利,他利用这项专利生产出了创新型产品并推向市场,这就是一个典型的单次创新。结合这个产品,这位创始人建立了公司,拟定了公司的制度、流程、文化等,这就是局部创新。随着企业的发展壮大,企业有了十几个部门,几百名员工,这些员工在各自岗位上创新性地开展工作,并把相关的成果总结出来,变成某种固化的经验,这就是整体创新。相比起个别员工带来的单次创新和局部创新,显然,整体创新更具意义。

比整体创新更具意义的是持续创新。一家企业可能在初创期很有创新精神,但是随着企业的发展壮大,企业依靠成熟的流程和经验就可以正常运转,这时候,员工也不再具有开拓精神,组织开始僵化,创新也就停滞不前了。与之相对的是，有些企业从成立之初就具备持续创新的能力，伴随着企业每一步的发展，各业务线、各部门能不断创新，以应对变化的环境，这就是持续创新能力。当然，这种能力并不是凭空产生的，一家企业的持续创新能力跟所处行业、创始人特质、企业文化都有关系，但是最重要的，是持续创新能力跟创新体制有关。创新体制就像一块肥沃的土壤，各种创新的种子都能在这片土壤生根发芽、生生不息。

众所周知，胖东来有各种创新，包括服务创新、制度创新、体制创新等，但是更值得关注的是胖东来的创新体制——为什么胖东来可以连续20多年不断创新？为什么胖东来的基层员工是创新的主力军？创新对企业和个人分别意味着什么？推动员工创新的动力是什么？局部的创新如何固化成企业知识库的一部分？

胖东来的创新有三个层面：第一是组织层面，胖东来有基层的业务创新，中高层的管理创新、文化创新和体制创新；第二是动力层面，支撑创新的动力包括考核方式、分配机制和文化理念；第三是体系化层面，包括创新的固化、迭代和扩散。

首先来看组织层面。零售业里最基础的销售单位是班组或者柜台，这在胖东来称为"课"，比如超市部生鲜课、电器营业部电脑课。胖东来的很多基础创新都是从"课"开始的，因为这些人处于业务的第一线，很容易发现业务的痛点，并提出优化改进的建议。

例如，超市部吴玉娇负责水果区产品的销售。她在工作中发现，在销售高峰期会有较多顾客排队等着砍甘蔗、削菠萝皮，一些顾客排队时会产生抱怨。那么问题来了，除了加快速度减少顾客等待时间，还有什么办法可以优化客户体验呢？吴玉娇发现店里一位叫"涛哥"的员工，其做法值得借鉴。当时一位顾客对等待表现得不耐烦，涛哥一边削菠萝一边笑着介绍菠萝的好处，还说起了哪几种水果做沙拉比较好吃。"排队的顾客听得津津有味，有的（人）削完皮还站在旁边听。"[①]

一个小小的改进，不需要增加人手也不需要增加成本，很容易就提升了顾客的体验度，这就是具体业务中的创新。而且这个创新被部门其他同事效仿，先在班组内部推广，再慢慢扩散到其他部门。

相比基层的业务创新，中高层主要进行的是管理创新、文化创新和体制创新。

管理创新是管理方法和管理理念的创新，如公司各项制度的修订与调整。一般来说，公司制度制定好之后几年都不会改变，而胖东来的公司制度是不断更新迭代的。在胖东来官网上，相关的制度都标注了具体修改时间，每隔一段时间（一般是几个月）就会有一个新版本，有的制度甚至更新了十几个版本，而有的制度不能与时俱进，干脆就调换成新的内容。

文化创新指的是通过各种和文化有关的文字材料、视频资料让员工加深对文化、企业价值观等的理解。比如，本书中提到的胖东来内部资料《胖东来故事手册（一）》《爱的路上释放温暖和力量》就是员工撰写的跟企业文化有关的小故事。包括在视频网站和社交媒体上，如优酷视频、小红书、抖音等，胖东来也会定期更新一些和文化有关的内容。

在体制创新方面，包括股权结构、分配制度等，胖东来都有自己独特的方法。比如网络上广泛议论的"企业利润大部分分给员工""岗位股份制"等，都是胖东来在体制方面的创新。

从基层创新到中层创新、高层创新，可以说，胖东来真正实现了全员创新。企业全员创新示意图如图 3-5 所示。

关于全员创新，你可以说胖东来员工觉悟高，积极主动承担责任，但其实全员创新的背后是合理的考核方式、分配机制和先进的企业文化。

[①] 资料来源：胖东来官网资料《胖东来故事手册（一）》"把商品知识'聊'给顾客"，超市部 吴玉娇。

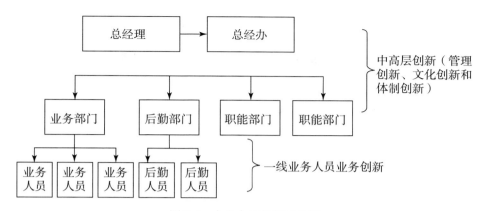

图 3-5　企业全员创新示意图

其次来看动力层面。在考核方式上，胖东来并没有像传统企业那样搞 KPI 考核，而是采用了"工作表现考核 + 部门评议"的方式。员工没有业务绩效的压力，但是在部门内部，人人都想成为优秀员工，要想把工作做好，只能靠不断创新。

在分配机制方面，胖东来首先保证了员工基本的生活需求，根据于东来的一次讲话，"（2023 年）（胖东来）员工最低收入是每个月 7000 元，很多店的员工薪资普遍在 8000 元以上"[①]，这个收入水平别说在河南的许昌和新乡，就是在北上广这些大城市，也是有竞争力的。高工资保证了员工可以心无旁骛地投入工作，也有利于创造性地开展工作。另外，胖东来提倡把大部分利润分配给员工，这意味着员工表现和企业效益直接挂钩，企业经营得好，大家都受益，所以不管是基层员工还是管理层，大家都愿意创新，因为提升效率、提高服务水平之后，最终的受益者是自己。

在企业文化方面，胖东来文化的核心是爱与自由。通过工作培养健全的人格，成就阳光个性的生命。在胖东来，工作除了创造财富，更重要的是实现自我价值，并实现企业的使命和愿景。在这种文化理念下，创新不

---

① 资料来源："热搜！去年计划挣 2000 万元，于东来：结果挣了 1.4 亿，员工薪资普遍在 8000 元以上"，《每日经济新闻》，2024 年 4 月 23 日，https://finance.eastmoney.com/a/202404233055707432.html。

是靠领导层自上而下推动的，而是员工自觉自发的行为。创新带来改变，这让工作更有趣味，也体现了创新者的价值，而通过创新让消费者更满意，让同事少走弯路，这也是爱的传递，所以归根结底，创新的底层逻辑跟爱和自由的文化是一脉相承的。

也正是上述这些原因，在胖东来，创新不靠老板的提倡，更不是阶段性的潮流，而是变成了企业的一种基因。在微观层面，创新带来业务的提升、流程的优化；在宏观层面，创新带来了企业的迭代，源源不断的创新成为推动企业发展的动力。

最后来看体系化层面。偶尔的灵光闪现一点都不难，难的是如何把这些创新固化下来，形成体系。在胖东来，最好的方法首先会沉淀下来，成为企业知识库的一部分。举个例子，在《超市部保洁实操标准》中有一个部分叫"绿植养护标准"，其中有一条是"每周将绿植旋转180度，保证两面生长均衡"[①]。一般养护绿植，我们会想到擦拭叶片、清理枯叶、定时浇水，谁会想到要每周旋转绿植呢？可能最开始，胖东来对保洁也没有这个要求，但是在实际工作中，一线员工发现，每周旋转绿植180度，可以保证两面生长均匀，所以这个非常微小的创新就被记录了下来，成为实操手册的一部分。开始，这只是某个一线员工的经验，但是通过文字的记录，偶然的经验变成了知识和方法，每个在胖东来工作的保洁，都能掌握这个方法。想想看，整个胖东来可能有几百名保洁，一夜之间，大家全部掌握了这个方法，几千盘绿植都得到了很好的养护。所以你还能说这是个微小的创新吗？如果一个企业的几千名员工，每天都能把自己的创新经验汇总进成企业的知识库，这个企业该有多厉害！

创新的固化又对应着创新的迭代，因为每个创新都是在原有高度上的提升，我们现在看到胖东来很多优质的服务，其实都是经验的不断累积。

---

① 以上内容摘录自胖东来官网，"胖东来百科系统"《超市部保洁员实操标准》，2023年9月8日。

比如大家津津乐道的胖东来超市购物车，可能最开始只有两三种，慢慢地变成四五种，到现在胖东来时代广场超市提供七种不同类型的购物车。这就是迭代的力量，不求一天达到最好，但求每天比前一天改进一点点。

除了固化和迭代，胖东来还有一个创新扩散机制。好的方法不只在部门内部传播，也不只在同一岗位中被模仿借鉴，而是借助企业内刊、内网等，实现全企业的扩散。胖东来官网上公开的文字资料包括《爱的传道者》《爱的路上释放温暖和力量》《胖东来故事手册（一）》《胖东来故事手册（二）》《心向阳光》《新乡故事手册——致敬逆行者》《走在信仰的路上——东来随笔》等，这些资料里包括了大量跟创新有关的小故事，这些故事通俗易懂，很容易被大家模仿和借鉴。更重要的是，因为这些内部资料，各部门员工之间也会形成一种"竞争"和"攀比"，既然别的同事、别的部门能这样开展工作，为什么我不能做得更好呢？这更加激发了员工创新的积极性。

举个例子，2024年2月，一则关于胖东来的新闻登上热搜。"胖东来替顾客扫雪，打动人的往往只是细节"[1]，说的是胖东来的服务员在店门口耐心地扫去顾客头上、身上的落雪。扫雪这个细节其实就是一个服务创新，这个创新是怎么来的？这是一线工作人员在实践中发现的创新机会，不用等着领导批示能不能做，更不用担心这个创新有没有效果，想到了就去做，在做的过程中调整，调整好的经验沉淀下来供其他部门借鉴，也多向兄弟部门学习。所以你会看到，今天是胖东来员工替顾客扫雪，明天是给顾客提供一次性雨衣，后天是设置免费宠物寄存柜，大后天是免费替顾客扦裤脚……这样的创新在胖东来层出不穷。

总结一下，三个层次的创新保证了胖东来的创新是全面性而不是局部

---

[1] 资料来源："胖东来替顾客扫雪，打动人的往往只是细节"，河南广电集团大象新闻官方账号，2024年2月2日，https://new.qq.com/rain/a/20240202A056AT00。

性的。考核机制、分配制度和企业文化保证创新不是昙花一现，而是拥有持续的推动力。从偶尔的创新到创新扩散，靠的是创新的体系化，好的体制能把创新沉淀下来，变成知识、变成习惯，也变成一种能量，这才是企业创新的真正含义。

知识卡片和学习心得

1. 熊彼得的现代创新理论

现代创新理论（Innovation Theory）的提出者是美籍奥地利经济学家约瑟夫·熊彼得，他也是"创新理论"的鼻祖。熊彼得认为，创新是经济发展的根本动力，所谓创新，是对生产要素进行新的组合。他提出了五种创新类型，分别是产品创新、工艺创新、市场或服务创新、资源配置创新和组织形式创新。不过在熊彼得看来，创新的主体是企业家，创新性的企业是推动社会进步的根本力量。一项新技术变成创新需要经历三个过程，分别是发明—创新—创新扩散。

2. 从企业家创新到"创造知识的企业"

日本学者野中郁次郎认为，企业的知识分为两类：一类叫隐性知识，一类叫显性知识，创新就是这两类知识相互转化的过程。

什么叫隐性知识呢？就是企业中不为人察觉的，也没有被写入规章制度的知识，比如一线员工为完成工作所掌握的方法、技能、直觉，以及处理复杂问题的能力；什么叫显性知识呢？就是用规范化的语言、文字记录下来的，并在员工之间互相学习的知识。野中郁次郎认为，一个企业比其他企业更优秀的原因，在于它能调动蕴藏在员工内心深处的个人知识。而日本企业的过人之处，本质就是其组织的知识创造能力。

在企业内部,这个知识创造的过程是怎么实现的呢？野中郁次郎提出了著名的 SECI 模型,也叫"知识螺旋"。S 代表群体化（Socailization,也有人翻译成社会化、潜移默化）,这是个体与个体之间传授隐性知识,如师傅带徒弟,部门内的员工互相学习,等等；E 代表外在化（Externalization,也有人翻译成外部化,外部明示）,这是个人隐性知识向显性知识转化,如用文字、视频、图片等把个人的经验记录下来,在团队内部进行推广；C 代表组合化（Combination,也有人翻译成汇总、融合）,这是指把零散的显性知识进行汇总整理,形成公司的章程、员工守则等普适性的资料；I 代表内在化（Internalization,也有人翻译成内化、内部升华）,指的是这些整理好的显性知识被企业其他员工学习、吸收,结合个人的经验,再升华为自己的隐性知识,从而完成一个循环,然后从 I 再回到 S,进行新的知识螺旋迭代,周而复始。

3. 学习笔记和心得

不管是熊彼得的现代创新理论,还是野中郁次郎的 SECI 模型,跟前面所讲的胖东来创新模式都是契合的。在熊彼得的年代（20 世纪初）,企业的规模还比较小,企业的创新大多是企业家引领的（正如 1995 年于东来创立胖东来）,以技术创新为主。随着时代的发展,企业越来越大,管理难度也不断提升,这时候单靠单项的技术创新就不够了,必须发挥全员的力量,调动每个人的积极性。但鼓励创新不能仅仅停留在口头上,员工个人的创新怎么能变成一种合力,推动企业的发展呢？胖东来的做法跟 SECI 模型不谋而合,鼓励员工在一线岗位上创造性开展工作（利用自己的隐性知识）,再把经验总结下来,先在部门内部讨论学习（把隐性知识外在化）,再推广到全公司,形成条文和制度，供大家借鉴（创新固化和创新扩散）。企业其他员工学习这些创新方法并从中获益，再开启新的知识管理循环。

4. 躬身入局 + 事上练

在 SECI 模型的基础上，胖东来更进了一步，要推动全员主动创新，光有创新的螺旋还不够，企业内部要营造创新的土壤、创新的空间和创新的氛围。

胖东来创新的土壤是什么？是合理的考核方式和激励方式。好的考核方式和激励方式可以让员工更"务虚"——多考虑流程优化而非个人业绩指标，多考虑企业整体利益而不是个人利益。

胖东来创新的空间是什么？是好的组织方式和内部机制。基层班组制的模式，让员工的创新能立即得到反馈，扁平化的管理布局让好的创新能很快得到推广，平行的业务部门结构保证了各业务部门可以互相学习借鉴。

胖东来创新的氛围是什么？是充满活力的企业文化和完善的知识管理系统。胖东来提倡"传播先进文化理念，培养健全人格"，把"自由·爱"作为企业的文化信仰，胖东来的创始人于东来在多次讲话中都把胖东来描述为"一所学校"。这意味着胖东来的企业文化中包含创造美好和传播美好的基因。在这种氛围下，员工积极创新、无私分享就显得非常自然。另外，胖东来也有一套完善的知识管理系统，好的方法会被记录下来，经过整理、沉淀，成为胖东来方法论的一部分。这也激发了各岗位员工的创新热情。

5. 更多学习资料：企业创新关键要素立柱图

一座华丽的宫殿需要许多立柱的支撑，而一家富有创新精神的企业也需要各种创新要素的支撑。这些要素包括企业的使命和愿景、创始人性格特质、组织架构、考核和分配制度、内部知识管理水平、企业文化等。如果你的企业死气沉沉，毫无活力，可以对照图3-6反思一下到底缺少哪根支柱，找到影响创新的根本原因。

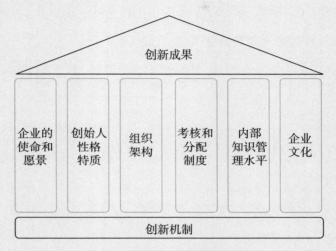

图3-6　企业创新关键要素立柱图

● 企业的使命和愿景：如果一家企业有超越赚钱的目标，比如带给人们更好的生活、让社会更美好、让员工和顾客更幸福等，那么这样的企业更容易产生创新。

● 创始人性格特质：如果企业创始人本身富有创新精神，也提倡积极创新的文化理念，那么他/她带领的员工更有可能产生创新。

● 组织架构：如果企业的组织架构比较扁平，同级部门彼此配合，上下级沟通比较顺畅，那么这样的企业更容易产生创新。

● 考核和分配制度：如果企业的考核和分配制度不只基于员工当下的业绩或绩效，还考虑到公司整体的效益和员工创新带来的长期影响，那么这样的企业更容易产生创新。

● 内部知识管理水平：如果一家企业有专门负责知识管理的部门或岗位，员工的创新能被记录和整理，那么这样的企业更容易产生创新。

● 企业文化：如果企业的文化倡导良性竞争，鼓励员工突破自我，创造价值，那么这样的企业更容易产生创新。

第三节 当飞轮开始运转
——胖东来的成长动力

一个几十平方米的烟酒店,不靠外部资本,也没有什么过人的技术和资源,不到 30 年时间,一步一个脚印地成长为年营业额百亿元的商贸集团——这就是胖东来,一个商业奇迹。

有人说,胖东来的成功是因为它的老板非常厉害,每一个关键时刻都做出了正确的选择;有人说,这是因为胖东来赶上了好的时机,顺势而为;有人说,这是因为胖东来敢分钱,分钱调动了员工的积极性,企业才越来越好;也有人说,这是因为胖东来有大爱的文化,愿意回馈员工和社会,因而得到了好口碑。那么,到底什么才是胖东来成功的秘诀,普通的创业者是否有机会复制胖东来的成长经验,也成为行业领导品牌呢?

关于企业的成长和发展,美国著名的管理专家吉姆·柯林斯有一个非常形象的比喻。他把企业比喻成一个静止的飞轮,如果想让轮子转起来,开始你要花很大的力气,一圈一圈反复地推,每一圈都很费力,但是一旦飞轮开始转动,它就具备了动能和势能,后续不太需要外力的推动就能轻松运转。关于企业发展,吉姆·柯林斯总结出一个诀窍,那就是:在最开始,坚持不懈地转动飞轮。

综观胖东来的发展史,的确是在坚持不懈地转动飞轮。1995 年,胖东来还叫"望月楼胖子店"[①] 的时候,于东来就提出"用真品换真心"的口号。

---

① 望月楼胖子店:胖东来的前身,望月楼是店面所在地址。

那个年代，各种假冒伪劣商品充斥市场，卖假货利润更高，用现在的话说，卖假货能赚快钱，但是于东来选择扎扎实实做生意，用好产品赢得顾客的尊重。

1997年，望月楼胖子店更名为胖东来烟酒有限公司，并提出"创中国名店，做许昌典范"的口号，明确了企业的发展目标。这里提到的"中国名店""许昌典范"并不是说胖东来要把自己打造得多高端，而是卖好的产品，让消费者信赖，有响当当的口碑。

1999年9月，胖东来名牌服饰量贩开业，同时推出免费干洗、熨烫、缝边等超值服务项目。超值服务是胖东来满足顾客、提升服务品质的体现，这个理念也一直延续至今。

1999年12月，胖东来的七家连锁店同时提出"不满意就退货"的全新经营理念。① 其实，20世纪90年代末，很多商家都提出过"不满意就退货"的口号，但坚持下来的寥寥无几。很多企业把"不满意就退货"当成宣传的素材和手段，而胖东来则把"不满意就退货"和"用真品换真心"结合起来，退货的目的是真正实现消费者满意。在谈及企业的核心竞争力时，胖东来的创始人于东来说过这么一句话："胖东来这么多商品都供不应求，是为什么呢？因为信任，因为想要实现美好。"②

当然，胖东来并没有止步于此。2003年，胖东来提出"创造财富，播撒文明，分享快乐"③的理念。到2006年，又有了"个性、自由、快乐、博爱"的提法。现在，胖东来把"自由·爱"④作为企业的文化信仰。

---

① 以上内容来自抖音百科"胖东来商贸集团有限公司"词条，https://www.baike.com/wikiid/7223341857299038208?anchor=lgmfkvki4x2。
② 资料来源："活出幸福人生，成就健康企业"，胖东来官网，2024年3月25日，https://i.azpdl.cn/pdl-index/event/classroom/details.html?record_id=beb3fa62-9b12-484e-b8eb-25acacd2ec7b。
③ 资料来源："让生命开始觉醒，做一个有思想的人"，胖东来官网，2023年12月1日，https://i.azpdl.cn/pdl-index/event/classroom/details.html?record_id=61dc78cc-d746-4786-9537-7c0b5872ab5f。
④ 于东来在"让生命开始觉醒，做一个有思想的人"的讲话中提道："胖东来的自由·爱是什么？就是'平等、自由和博爱'三个词语的缩写。"

在胖东来，你可以看到这样的标语——"爱在胖东来"；"发自内心的喜爱高于一切"；"保障民生、提供时尚，创造品质和幸福商业模式"；"培养健全的人格，成就阳光个性的生命"；等等。第一次看到这些话，很多人可能不理解，胖东来之前强调的是商品质量、顾客满意度之类看得见摸得着的东西，为什么后面变成了这种口号和标语呢？

其实换个角度就很好懂，过去人们生活水平比较低，能买到货真价实的商品就已经很满足了。但是随着社会的发展，人们的生活水平提高了，各种商品也极大丰富，这时候，人们要求的不仅仅是商品本身，还是整体的消费体验和商品的各种附加值。在这种情况下，胖东来能提供给顾客的也不再只是优质的商品本身，更多的是它营造出的平等、自由、博爱的氛围。平等是交易的平等，买卖双方信息对等，彼此尊重；自由是心灵的自由，消费者不为物质所限，有更高精神层面的追求；博爱是通过商业行为实现社会的美好，包括给顾客提供更好的商品，跟员工一起分享企业利润，履行企业社会责任，推动社会的进步，等等。

经过这样的分析，胖东来发展的逻辑就非常清晰，依托优质商品赢得消费者的信任，实现更美好的生活，这是胖东来业务增长的飞轮。20多年来，胖东来一直在努力转动这个飞轮，一刻也没有停止，包括到现在，胖东来已经成了家喻户晓的品牌，依然把向用户提供最优质的商品和服务放在第一位。谈到商品的品质，于东来在一次讲话中说道："……看看奢侈品是怎么做的，例如劳斯莱斯是怎么做的，宾利是怎么做的，香奈儿是怎么做的，爱马仕是怎么做的，古驰是怎么做的，PRADA是怎么做的，杰尼亚是怎么做的，等等。我们就看它们是怎么做的，然后从它们的元素中提取优秀的部分作为榜样往这个方向进步。"[1]

---

[1] 资料来源："活出幸福人生，成就健康企业"，胖东来官网，2024年3月25日，https://i.azpdl.cn/pdl-index/event/classroom/details.html?record_id=beb3fa62-9b12-484e-b8eb-25acacd2ec7b。

优质的商品赢得消费者的信赖，消费者慕名前来，这形成了第一个飞轮，也叫初始飞轮。渐渐地，因为顾客多，商品的销量增加了，相应的采购成本得到控制，这样一来，高品质的产品对应更合理的价格，更多的人选择来这里购物，企业的规模自然而然就变大了，业务的增长形成更大的飞轮，也叫增长飞轮。具体可以参考图3-7。右边小圈是初始飞轮，胖东来依靠高品质商品，赢得顾客信任，业务稳步增长。左边大圈是增长飞轮，因为商品质量好，消费者更加信任，大家口口相传，购买的顾客也变多了，相应的采购成本降低了，有更多的需求，企业规模也随之扩大了。

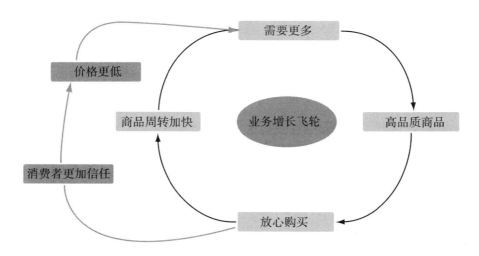

图 3-7　胖东来的业务增长飞轮

最开始，胖东来规模还很小的时候，它坚持不懈地转动初始飞轮，稳扎稳打，心无旁骛。随着企业的发展，轮子越转越快，越转越顺畅。人们相信胖东来代表着高质量，童叟无欺，而这个定位帮胖东来吸引了更多的顾客，于是，企业像滚雪球一样，越滚越大，进入良性发展周期，后期不用费力推动也能发展得很好。所以，不用把胖东来想得太复杂，更不用神化胖东来，它只是遵循了零售业最基本的常识，并且把它落实到位。

从别的层面看，业务的增长并不仅仅是卖更多商品和开更多店铺，业务的增长还需要人力资源的配合、各项管理制度的配合，以及企业文化的配合，企业业务量增加了，如果其他部分不能同步协调发展，业务增长反而会让企业陷入混乱。胖东来在业务增长飞轮之外，又有员工提升飞轮、制度完善飞轮和文化跃迁飞轮。

所谓员工提升飞轮，是指把善待员工作为一个基本点，最大化满足员工的需求。胖东来从成立之初就跟一般的企业不一样，他不是靠压低工资获得高利润，而是靠高工资激发员工的积极性，从而创造更多的价值。早在1995年于东来刚开始做生意时，他就给员工开出了高工资。当时于东来欠债30万元，想用五六年的时间把债还完，结果到当年年底还了20万元的债后还剩余50万元……第二年挣了120万元，第三年挣了180万元，这样三年下来就将近有300多万元的利润。①

2023年年底，于东来在一次讲话中谈到胖东来员工的工资。"截至上个月，我们的员工收入基本在7000元以上了，平均最低的可能6500元，高的就像天使城上个月工资拿到8400元了，而且这还不是最好的部门，最好的部门比这个还高。"②而高工资再次带来高收益的良性循环。据于东来透露，"今年（2023年）估计营收能超100亿元了，一年的税收三四亿元，利润三四亿元。"③

仿照上面的业务增长飞轮，我们可以画出胖东来的员工提升飞轮。如图3-8所示，右边小圈是员工的初始飞轮，胖东来用高工资让员工没有了后顾之忧，可以安心工作。因为安心工作，员工的服务质量提升了，服务质量提升带给顾客好的感受，也相应提升了企业的效益。左边大圈是员工的提升飞轮，员工因为用心工作获得更高的工资，而更高的工资

---

① 资料来源：胖东来官网资料《走在信仰的路上》"关于分钱"，于东来，第40页。
② 资料来源："让生命开始觉醒，做一个有思想的人"，胖东来官网，2023年12月1日，https://i.azpdl.cn/pdl-index/event/classroom/details.html?record_id=61dc78cc-d746-4786-9537-7c0b5872ab5f。
③ 资料来源：同③。

吸引更多优秀人才的加入，从而进一步提升了胖东来的效益。这就是员工提升飞轮。最开始，胖东来要用力转动这个飞轮，把为数不多的利润拿出来分给员工，但是随着企业的发展，员工提升飞轮进入了良性循环状态，员工创造更多收益，企业再把收益分给员工，这样一来，员工的收入提升了，工作状态变得更好了，工作能力得到了相应提升。

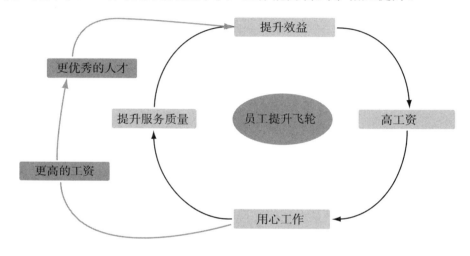

图 3-8　胖东来的员工提升飞轮

同样地，我们可以画出胖东来的制度完善飞轮（见图 3-9）和文化跃迁飞轮（见图 3-10）。在制度完善方面，首先要建立制度，图 3-9 右边小圈是制度建设的初始飞轮，企业因为发展需要拟定各项制度，但这些制度并不完善，需要理论结合实践不断磨合，不断修订，修订后的制度指导企业管理实践。最开始，胖东来要努力转动这个飞轮，花大力气搭建制度框架，完善各种草案文本等。随着各种制度依次建立，企业发展进入正轨，这时候就进入了左边大圈的制度完善飞轮，有更多的人参与制度共创，如一线员工、部门负责人、人力资源部门、法务部门等，各种知识、方法、制度也不再是孤立的、静态的，而是统合的、与时俱进的。这个时候，胖东来不需要花太多的力气，各种制度就可以按照特定的规程不断完善。

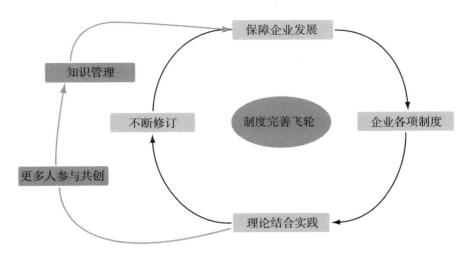

图 3-9　胖东来的制度完善飞轮

与制度完善类似,胖东来的文化也在不断发展变化之中。如图 3-10 所示,右边小圈是初始飞轮,胖东来在成立之初就有鲜明的价值观,企业倡导的文化理念渗透到员工日常行为中,可谓入脑入心。这种文化改变了员工的认知,也潜移默化影响了他们工作的状态。最开始,可能还会有员工抱有怀疑的态度,不理解,不接受,不相信,但随着胖东来努力推动文化落地,大家也慢慢看到了文化带来的好处,也不再觉得企业文化是空洞的口号,越来越多的人开始参与到企业文化的共创中来,于是就进入了左边大圈的文化跃迁飞轮。所谓文化跃迁,是指从简单的诚信文化、服务文化,跃迁到后来"自由·爱"的整体认知和理念。企业文化也从简单的商业文化变成更有格局、更有高度的价值文化和意义文化,这无疑是一个巨大的飞跃。随着文化的跃迁,企业文化也具备了自我更新和自我完善的能力,胖东来不需要付出太多的力气,企业文化飞轮就能转动起来。

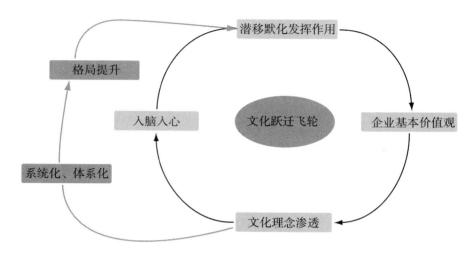

图 3-10　胖东来的文化跃迁飞轮

业务增长飞轮、员工提升飞轮、制度完善飞轮和文化跃迁飞轮，这是胖东来整体成长的四个组成部分。最开始的时候，胖东来要逐个转动飞轮，保证每一个飞轮都能独立运转起来。可以说，每运转一个飞轮，企业发展就多了一份保障。

值得注意的是，当四个飞轮开始"合体"，就能发挥出"1+1+1+1>4"的效果。这四个飞轮中，业务增长飞轮是企业发展动力，员工提升飞轮和制度完善飞轮是企业良性运转的根本保障，而文化跃迁飞轮让企业的发展提高到一个更高的层次，对企业长期稳定发展起到至关重要的作用。

知识卡片和学习心得

1. 飞轮效应

飞轮效应（Flywheel Effect）是美国著名管理专家和畅销书作家吉姆·柯林斯提出的一个概念。在他的代表作《从优秀到卓越》中，吉姆·柯林斯在大量统计数据的基础上，描述了如何通过飞轮效应让一家企业从优秀变得卓越。关于飞轮效应，简单来说，可以概括为三句话：第一，对于一个静止的飞轮来说，想要转动它，一开始你必须花很大的力气，反复地推，每转一圈都很费力；第二，所有推动飞轮的努力都不会白费，飞轮每转动一圈都会形成自身的势能，然后转得越来越快，达到某一临界点后，飞轮的势能会成为推动力的一部分；第三，这时候，你不需要费太大力气，飞轮依旧会快速转动，而且是不停地转动。

2. 飞轮效应与亚马逊公司的成功

亚马逊公司是美国电商巨头。2001年，互联网泡沫破灭，亚马逊公司连年亏损，股价从100美元跌到了6美元，华尔街和众多投资人都认为亚马逊公司濒临破产。这年秋天，亚马逊公司创始人贝索斯邀请吉姆·柯林斯与自己和高管团队进行了一场对话。吉姆·柯林斯向贝索斯介绍了"飞轮效应"的理论，贝索斯按照这个理论很快就找到了亚马逊公司的增长飞轮。这个方法帮助亚马逊公司绝处逢生。贝索斯多次表示，飞轮效应是亚马逊公司成功的秘籍。那么，亚马逊公司的飞轮是怎么运转起来的呢？

亚马逊公司也有一个增长飞轮，怎么能实现业务的增长呢？非常简单，通过更低的成本结构提供价格更优惠的产品，这样顾客就会增加。顾客增加，亚马逊公司入驻的商家也会增多，商品的价格能进一步降低，循环往复。

为了实现这个目标，亚马逊公司需要关注三件事：一是公司长期发展的战略；二是以顾客为中心；三是基础设施建设。对应这三件事，亚马逊公司在增长飞轮之外，又有三项核心业务：第一项是 Prime 会员体系（提高客户黏性）；第二项是第三方卖家平台（增加顾客的选择）；第三项是 AWS 云服务（基础设施建设）。这三项核心业务也像三个飞轮，既能独立转动，也能联合在一起形成合力，最终推动亚马逊公司整体目标的实现。借助飞轮效应，截至 2024 年 2 月 2 日，亚马逊公司市值达到 1.785 兆美元，成为全美市值排名第三的上市公司。

3. 学习笔记和心得

不管是胖东来的飞轮还是亚马逊公司的飞轮，都强调了两点：一是要找到关键环节，抓主要矛盾；二是要奉行长期主义，持续推动。以超市为例，一家超市每天需要处理的业务千头万绪，有的老板会把主要精力放在促销上，每天推出特价商品吸引客户；有的老板会把主要精力放在员工礼仪上，要求员工给客户鞠躬；有的老板会把主要精力放在宣传上，希望利用网红吸引流量……这些都很重要，但是说到底，一家超市能否被顾客接受，还是要看产品，如果售卖的产品质量不好，其他做得再好，顾客也不会买账。既然这样，为什么很多老板并没有把精力放在商品质量上呢？因为这是一个需要长期努力的事情，短期内见不到效益。这就像用力转动飞轮，开始推动的时候是非常费力的，有些人觉得看不到希望就想要走"捷径"，比如依靠营销活动、依靠网红、依靠广告等。殊不知，如果不推动最根本的业务飞轮，企业永远没有自己的核心竞争力，往后会越走越难。

4. 躬身入局 + 事上练

很多创业者其实都有跟胖东来早期创业时一样的问题——到底业务增长的底层逻辑是什么，是降低价格，是增加用户，还是提高产品性能？如果企业发展初期只能聚焦在一件事上，到底应该把主要精力放在什么地方？

以抖音 App 为例，最开始大家不了解这个产品，使用的人也很少。为了让大家接受它，公司首要的任务并不是花大价钱打广告推广这个 App，而是要丰富抖音里面的内容，因为好的内容可以吸引用户。观看的用户多了，生产优质内容的账号就会增多，这样抖音上就有更多的好内容，能吸引更多的用户。所以在最开始，抖音对内容创作者有很多的扶持。不过，这个过程并不容易，因为很多内容创作者对这个平台不了解，不愿意来。但是抖音认准了这个方向，持续推动这个飞轮。慢慢地，抖音的内容丰富了，吸引了大量的粉丝，很多人看到抖音有这么大的流量，纷纷加入进来，这时候，抖音不用费什么力气就可以运转这个平台。

5. 更多学习资料：用三环模型构建核心竞争力

在《从优秀到卓越》这本书中，作者吉姆·柯林斯提到了一个有趣的名词——"刺猬理念"。刺猬看起来很笨，遇到问题，它只会蜷缩起来，用身上的刺保护自己。相比起来，狐狸很聪明，在很多故事中，狐狸被描述成最聪明、最狡诈的动物。狐狸用了很多办法去抓刺猬，它偷袭、猛扑或者通过装死欺骗刺猬，最后都无功而返。因为只要刺猬蜷起来，狐狸就毫无办法。

在商业社会，刺猬和狐狸代表了两类不同的企业，狐狸类型的公司往往多才多艺，能把很多事情都做得很漂亮，但它们的想法往往是分散的、不连贯的；而刺猬类型的公司只做"正确简单的事情"，并坚持不懈，它们集中自己的注意力，专注在某些关键业务上，成功抵御住了所有的敌人。

很明显，刺猬理念更简单也更有效，那么如何成为一只简单而又有效的刺猬呢？作者提出了企业关键环节三环理念模型。只需要勾画三个圆圈，三个圆圈的交集就是你想要的那只"刺猬"。这三个问题也叫"刺猬问答"或者"刺猬三问"。三个问题分别是：

1）你在什么方面能做到世界最好？
2）是什么驱动你的经济引擎？
3）你对什么充满热情？

有人把这三个问题概括成三个关键词，分别是"天赋＋有钱赚＋激情"。这三个关键词构成企业的关键环节，用圆圈表示，即可画出企业关键环节三环理念模型，如图3-11所示。

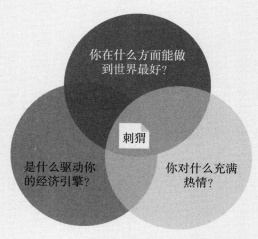

图3-11　企业关键环节三环理念模型

举个例子，假如你打算开一家素食餐厅，你发现你跟那些环保主义者或者宗教信仰者开设的素食餐厅不同，你的优势是能把素食做得好吃，即使不爱吃素的人也喜欢你做的食物。那么你就找到了第一个圆圈的答案——你在素食口味上能做到最好。那这个事情怎么赚钱呢？你可以开发堂食、外卖和深加工的素食食品，靠产品本身的口味吸引消费者。最后一个问题，你对什么充满热情？通过思考，你的答案是：用健康食材做出好的素食饭菜。

回答完这三个问题，中间交集的部分就是你要找的那只"刺猬"。你要做的就是发挥自己最大的优势，在素食口味开发上下功夫，把菜品做到极致。你不用跟大家宣传吃素食有什么好处，更不用把目标消费者锁定在那些已经吃素的人身上，你可以吸引所有人（不管是荤食者还是素食者）都来你的餐厅品尝食物。甚至你也可以通过直播、短视频等形式，教大家如何烹饪素食以及销售一些素食原材料，让大家学会烹饪美味的素食。

以上就是你要找的核心竞争力，通过分析，你就知道自己应该做什么，应该把主要精力放在哪里。

第四节 爱在胖东来
——重新认识利益相关者关系

2024年3月，中国超市周活动在河南许昌成功举办，参会的有超过1000家超市企业、5000余名业内人士。包括天虹股份董事长肖章林、高鑫零售M会员商店事业部总经理袁彬、冠派客董事长林永强、小红岛董事长顾以问、乐尔乐创始人陈正国、青海一家亲超市董事长贾建全等。[①]

都说同行是冤家，可是在胖东来，同行成了朋友，甚至"同学"。其实不只是中国超市周这样的活动，在日常经营中，胖东来同样秉持开放的态度，欢迎同行参观，欢迎各界人士拍照。甚至为了便于大家学习，胖东来把自己使用的各种设备和有合作的供应商名录公开张贴在卖场显要位置，具体可以参考图3-12。

比如在胖东来新乡生活广场超市，工程施工单位是河南泰格装饰工程有限公司，联系人刘煜；冷链柜使用的是松下冷链，供应商是松下冷链（大连）有限公司河南新亚电器有限责任公司，联系人王先生；购物车选用的是上海旺众品牌，供应商是旺众商用设备（上海）有限公司，联系人是任先生；货架采用的是凯旭品牌，供应商是佛山凯旭货架有限公司，联系人是张女士；电子秤采用的是梅特勒托利多品牌，供应商是河南大坤电子科技有限公司，联系人是赵女士；陈列道具使用的是雷鸣品牌，供应商是雷

---

① 资料来源："2024中国超市周分享嘉宾阵容曝光"，联商网服务号，2024年3月14日，https://www.foodtalks.cn/news/51781。

鸣展示，联系人是雷先生。在所有外部供应商后面，都附有电话号码，方便大家跟他们取得联系。不少人看到这些内容后在网络评论区里盛赞胖东来"大气"，不怕竞争对手抄袭，又能帮供应商介绍生意（或业务）。有人说，在胖东来眼里，没有对手也没有敌人，只有家人和朋友。

名称	品牌	厂家（供应商）	联系人	联系电话
总设计		胖东来超市设计部	张国锋	
工程总负责		胖东来超市工程部	马朝阳	
工程施工		河南泰格装饰工程有限公司	刘煜	13598977301
冷链柜	松下冷链	松下冷链（大连）有限公司 河南新亚电器有限责任公司	王先生	13183191659
货架	凯旭	佛山凯旭货架有限公司	张女士	13929906956
购物车	上海旺众	旺众商用设备（上海）有限公司	任先生	15972031151
散货柜道具	佳莱	河南佳莱商业设备有限公司	刘先生	13303715705
照明灯具	优为	河南优为照明科技有限公司	张女士	13783562198
厨房设备	名厨磁电	郑州汇能厨房设备有限公司	路先生	13253425666
收银台	沈阳圣力	河南华冠商用设备有限公司	赵先生	13803833445
收款机	拍档	河南大坤电子科技有限公司	赵女士	13523037391
电子秤	梅特勒托利多			
ERP软件	百年软件	江苏创级云网络科技有限公司	赵先生	13907152117
存包柜	福源	浙江福源智能科技有限公司	冀先生	18868731333
地板砖	马可波罗	河南欣博装饰材料有限公司	张先生	13838516522
鱼缸	海涛制冷	上海海涛制冷设备有限公司	谢先生	13601753439
海鲜池	中海艺	中海艺实业有限公司	孙先生	15036614777
休息区桌椅		漯河原作实木	刘先生	13733966552
果蔬台、实木板				
休息区木皮板	郑州首派	开封市首派展示设备有限公司	张先生	18637488999
手绘装饰画			万凯	13569999957
陈列道具	雷鸣	雷鸣展示	雷先生	18603712000

以上设备信息以方便同行交流学习，希望能给大家帮助和方便！让我们的环境更安全、更整洁、更有品质！
让我们继续创造爱、分享爱、传播爱！

自由·爱 FREEDOM & LOVE

图 3-12 （胖东来）新乡生活广场超市设备设施供应商名录（摄影：刘杨）

不只是对同行和供应商，对待跟自己打交道的人，胖东来也处处释放善意。在《许昌市胖东来商贸集团施工手册》中，关于施工人员的管理，有以下几条引人注意的规定。

（四）防暑工作[①]

1. 严格控制室外作业时间，避免高温时段作业，原则上，气温超过37℃，严禁11:00至15:00进行室外作业；

2. 现场提供饮用水，临时仓库摆放冰柜，为施工人员发放冰糕，有效地防暑降温，避免发生中暑事件；

3. 室内作业，每个楼层摆放医药箱，配备防暑药物，如人丹、清凉油、风油精等，落实防暑降温物品；

4. 室外作业，要求施工人员随身携带防暑药物，如人丹、清凉油、风油精等，落实每一位工人的防暑降温物品；

5. 加强通风降温，确保临时设施满足防暑降温需要，建筑工地施工现场必须配备风扇。

按说，施工人员不是胖东来的员工，照顾施工人员是施工方的事，但胖东来为施工人员提供了各种方便和福利，包括提供饮用水、摆放冰柜、为施工人员发放冰糕、提供医药箱、配备防暑药物，等等。

胖东来为什么要这样做？首先，这跟它提倡的平等、自由、博爱的文化有关。其次，换位思考一下，如果我是施工方的工作人员，甲方这样对待我，我会怎么做？第一，我会对胖东来有非常好的印象，逢人便夸，我自己也会去胖东来购物；第二，我会把工作做好，即便是别人看不到的地方，我也会凭自己的良心把工作做好，以真心换真心。

同样的道理，本文开头提到的胖东来欢迎兄弟单位参观交流、公布供应商名录等，也会得到善意的回报。以供应商举例，假如我是供应货架的厂商，胖东来帮我把联系信息放到显要的位置，帮我促成跟其他企业的合作，我肯定心怀感激，跟胖东来合作的时候，肯定提供最好的产品，即使

---

① 资料来源：胖东来官网资料《许昌市胖东来商贸集团施工手册》。

在它没有发现的地方，我也会把细节做好，绝对不会蒙骗它。

有人说，这就是胖东来的聪明之处，所谓多个朋友多条路，朋友多了路好走，胖东来把跟自己打交道的方方面面的人都转化成了朋友。其实，在管理学专业的表述中，这种"跟自己打交道的人"有一个专门的称呼，叫"利益相关者"（也有人翻译成利害关系人），处理跟这些人的关系，叫利益相关者关系管理。

关于利益相关者的概念，西方学者有很多表述。美国工商管理学教授爱德华·弗里曼在《战略管理：一种利益相关者的方法》一书中提出："利益相关者是能够影响一个组织目标的实现，或者受到一个组织实现其目标过程影响的所有个体和群体。"[1] 弗里曼教授认为，所谓利益相关者并不都是对组织有积极意义的人，不管对组织有积极影响还是消极影响，都叫利益相关者。

举个例子，一家皮衣生产厂家，生产的原材料是动物皮革。现在有一群动物保护主义者每天在厂家外面游行抗议，谴责厂家伤害动物的行为。那么这群动物保护主义者就是这个企业的利益相关者。他们虽然不持有这个企业的股票，跟这个企业也没有直接的经济关联，但是他们会通过抗议、游说、网络负面评论等行为，对这个企业的经营产生消极的影响。

现实中，有些利益相关者是个"变量"。如果关系处理得当，可能成为帮助企业的积极力量；如果关系处理不当，则可能成为对企业有害的消极力量。

举个例子，A 是企业的一名基层员工，他的主管对他非常照顾，经常给他一些指导和建议，后来 A 因为职业发展主动提出离职。离开公司后，A 逢人就说公司的好话，还给老东家介绍了好几单业务。

---

[1] 资料来源：百度百科，"利益相关者理论"词条，https://baike.baidu.com/item/%E5%88%A9%E7%9B%8A%E7%9B%B8%E5%85%B3%E8%80%85%E7%90%86%E8%AE%BA/4556787?fr=ge_ala。

同样是 A 这名员工，换个情境，假设他的上级主管经常为难他，无故克扣他的工资，还经常在办公室羞辱他，后来领导找借口把 A 开除了。A 怀恨在心，一方面通过网络匿名说了公司很多坏话；另一方面他通过劳动仲裁状告公司，最后让公司赔了很大一笔钱。

通过上面这个例子可以看出，是否能处理好与利益相关者的关系结果千差万别，而处理这个关系不仅仅靠领导能力，还和企业文化、管理体制密不可分。有的体制下，大家都跟老板对着干，这样的企业，管理难度大，风险高，随时有倒闭的可能；有的体制下，大家跟老板一条心，员工比老板还操心，这样的企业，能获得最大力量的支持，即便遇到一些问题，也比较容易解决。

那么，到底该如何处理与利益相关者的关系呢？胖东来在这方面又有哪些值得我们学习借鉴的地方呢？这个体制的内在逻辑又是什么呢？

其实，要处理好与利益相关者的关系，就是要解决三个问题。第一，到底谁是利益相关者？第二，如何保证利益相关者的利益？第三，处理好与利益相关者的关系对企业到底有什么益处？接下来，我们就以胖东来为例，看看胖东来是怎么解决这三个问题的。然后通过分析胖东来的做法，去思考胖东来体制的内在逻辑。

第一个问题，到底谁是胖东来的利益相关者？

一是消费者。只有消费者认可胖东来，这个生意才可能持续。而消费者又能影响自己身边的人，如果消费者在胖东来有好的购物体验，他肯定会把自己的感受分享给周围的人，这些人就可能成为胖东来潜在的消费者或者潜在的支持者。

二是供应商和员工。这些人都是和胖东来有直接经济关系的人。供应商包括向胖东来提供商品的人，如水果批发商、饮料公司、食品厂等，也包括向胖东来提供设备和服务的人，如货架供应商、绿植供应商、建筑施工单位等。如果供应商提供的产品和服务质量过硬，物有所值，那么胖东来就会从中受益，反之，就会给胖东来增加麻烦。员工则包括胖东来的全职员工、兼职员工和厂家派驻的促销员等，这些人的素质和工作表现决定了胖东来的服务水平，是胖东来非常重要的利益相关者。

三是股东。股东是股份制公司的出资人或者投资人。根据《公司法》，股东享有资产收益、参与重大决策和选择管理者等权利。很明显，股东跟企业是深度绑定的关系，也是最直接的利益相关者。

四是同行。我们常说同行是冤家，同行，尤其是直接竞争者跟企业的利益是高度相关的。过去很多人做生意会防着同行，或者处心积虑想挤垮同行。而现代企业经营理论更多强调与同行"共生""共赢"。为什么要这么做呢？一来同行聚在一起才构成市场，比如服装一条街，一条街上全部是卖服装的，消费者才愿意来，如果只有一家服装店，消费者不一定会感兴趣。二来竞争产生活力，同行之间彼此交流、学习，大家才能共同进步。所以，同行之间不见得非是你死我活的竞争，也可以是利益相关的，也可以有很多的交流与合作，如共同采购降低成本、区域联动方便消费者，等等。

五是媒体。媒体可以放大跟企业有关的新闻，也可能加快企业相关新闻的传播。过去我们谈到的媒体一般是指报纸、电视、杂志、门户网站等大众传播媒体，现在自媒体和意见领袖的能量越来越不容小视。以胖东来为例，很多人了解胖东来是通过自媒体、意见领袖和普通网民的分享。

有些企业对媒体的态度非常谨慎，发表什么内容都需要层层请示和审批，生怕企业有些不好的东西被媒体曝光，但如果把媒体看成企业的利益相关者，媒体就会变成企业的义务宣传员和监督者——发布好的内容是帮企业做宣传，发布不好的内容是监督企业，都是在帮企业提升和改进。

六是社区和社会。社区指的是企业所在的小区域，如所在的街道、所在的城市等，也指的是企业产品和服务所辐射的人群。社会是企业所在的大区域，甚至可以指代整个国家。以胖东来为例，胖东来目前只在河南的许昌和新乡两个地方有门店，再具体点，可以细化到门店所在的区域、街道等。往大了说，胖东来是一家中国的企业，它所处的环境就是中国社会。

不管是小的社区还是大的社会，都对企业有影响。反过来，企业也可以影响社区和社会。举个例子，在疫情防控期间，胖东来按成本价销售蔬菜，给所在社区提供了极大的便利。也是在疫情期间，胖东来捐款 5000 万元，抗疫救灾，尽到了企业的社会责任。正是因为胖东来的这些做法，社区和社会给予胖东来很多正向的回馈，支持胖东来的发展。

以上仅仅是列举了几个比较重要的利益相关者，细究起来，能影响企业发展的单位和个人还有很多。比如行业协会、工商管理部门、市政部门、职业测评人、研究学者等。不过，从影响力的角度看，之前提到的六类利益相关者影响更大也更直接，所以更值得关注。关于企业的利益相关者（以胖东来为例），具体可参考图 3-13。

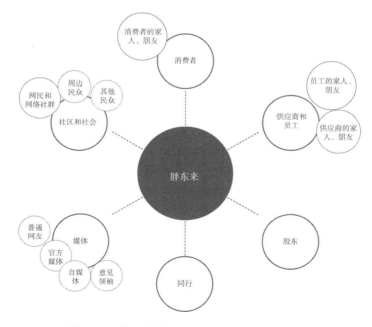

图 3-13　企业的利益相关者（以胖东来为例）

不过，有时候企业也会简化自己的利益相关者关系，比如麦当劳提出了"三脚凳"经营理念。麦当劳官网对"三脚凳"的表述是："供应商、员工和被特许人需要通过优势互通、紧密协作，以建立起强大的合作伙伴基础。麦当劳系统建立在信任和共同价值观的基础上，因此具有能够以较优价格获得高品质的产品的竞争优势。"[①] 简单来说，就是麦当劳挑选出了三个重要的利益相关者，分别代表凳子的三只脚，即供应商、员工和加盟商。三只脚共同支撑起麦当劳这个品牌。关于麦当劳的"三脚凳"经营理念，具体可以参考图3-14。

图3-14 麦当劳的"三脚凳"经营理念

图片来源：麦当劳的"三脚凳"经营理念，麦当劳中国区官网，https://www.mcdonalds.com.cn/index/mcd/about/value。

---

① 资料来源：麦当劳的"三脚凳"经营理念，麦当劳中国区官网，https://www.mcdonalds.com.cn/index/mcd/about/value。

了解了利益相关者，下一步就是要考虑如何处理跟他们的关系以及如何保障利益相关者的利益，即第二个问题。说到处理关系，很多人可能觉得，既然这些人对企业发展都有影响，那么好好跟他们相处不就行了，与人为善总没有坏处。实际上，这里所说的处理与利益相关者的关系并不仅仅是搞好关系，还包括企业有限的资源和收益应该向哪里倾斜，应该如何分配。比如企业一共就100元的利润，是全部分给股东，还是让渡给员工、客户，还是拿来经营媒体关系，抑或是拿出一部分回馈社会。

　　传统的经营理念中，股东是企业最重要的利益相关者，所以企业要以股东利益最大化为目标，要把尽可能多的钱分给股东。而现代经营理念认为，影响企业发展的不只有股东，还包括方方面面的关系。要以利益相关者利益最大化为目标，兼顾各方利益。以胖东来为例，前面提到胖东来免费给施工单位的工人提供饮用水、冰糕、医药箱、风扇等，这就保障了施工工人（属于业务合作方）的利益；胖东来把利润分给员工，保障了所有员工的利益；而胖东来用于救灾的捐款，又保障了社会的利益。这些钱本来可以作为企业的利润分给股东，现在使用在这些地方，就兼顾了各方利益。

　　不过，分配资源和收益还不是处理与利益相关者关系的核心，最重要的是，企业通过合理分配资源和收益，获得更多的价值。胖东来对施工方工作人员非常照顾，最大限度地保障他们的权益，那么胖东来获得的是什么？很简单，获得的是施工方工作人员高水平的工作成果。于东来曾在一次讲话中提到，许昌时代广场中庭的地砖用了十多年都没有出现问题，唯一一块地砖破损还是因为搬货物的时候砸到了。这说明什么？说明施工方没有偷工减料。为什么没有偷工减料？除了胖东来对施工管理严格，跟胖东来保障施工方工作人员的权益是有关系的。设想一下，如果胖东来作为甲方经常对施工方提出无理要求，施工工人每天怨声载道，那么工作能做好吗？可能在一些甲方看不到的地方，施工工人就会偷懒或是敷衍。看似胖东来为了保障施工方利益付出了一些钱和精力，但收获的东西远远超过付出。

同样的道理，胖东来把利润分给员工，换来的是员工高水平的工作表现。而且因为工作收益有保障，员工的满意度提升了，对待顾客也会更有耐心，服务质量一定会大幅度提升。看起来，胖东来把钱分给员工，影响了股东的收益，但实际上，因为保障了员工的利益，胖东来的业绩反而大幅度提升了。

胖东来的成功很好地解释了什么叫"利益相关者权益最大化"，最大化的意思就是通过合理的利益相关者关系管理，既兼顾各相关者权益，又调动一切可以调动的力量，最终实现整体利益的增加。过去企业能分配的钱只有100元，现在能分的钱变成了10000元。对于企业来说，是把100元全部分给股东，实现股东权益最大化，还是让企业可分配的价值变成10000元，实现利益相关者权益最大化，相信结果不言自明。

当然，保证利益相关者权益并不完全依靠金钱的分配，还包括企业注意力的分配，也就是企业把时间和精力花在什么地方。以胖东来为例，很多人会盛赞胖东来的优质服务，优质在哪里？一方面，胖东来保障顾客权益，比如商品出了问题，胖东来不会去跟客户争论到底是谁的责任，不满意就退款；另一方面，胖东来的销售人员并不是一味跟顾客推销商品，而是通过咨询需求、介绍商品、做好服务等，让顾客买得满意，买得舒心。同样的时间销售人员用来推销可能会帮企业赚更多钱，但设身处地为顾客着想，却能保障顾客利益最大化。

关于顾客利益最大化，胖东来超市部任红利记录了这样的一个故事。有一年冬天，超市部搞活动，白萝卜一毛钱10斤，当时抢购的顾客特别多。中午活动结束时，一位衣着破旧、拄着拐杖的80岁老奶奶来买萝卜，当得知活动结束后,她很失望。在与她的交谈中,任红利了解到这是一位孤寡老人,一直靠低保金生活,听别人说这里白萝卜便宜,特意赶过来,却没赶上。任红利了解了老奶奶的情况后对她非常同情,在征得主管的同意后,她替老奶奶装了一大袋白萝卜并送到收银台。交钱的时候,老奶奶从内衣口袋里拿出一个小袋子,打开一层还有一层,里面用手帕裹着小叠毛票。看到这种情况,任红利跟收银员说:"别收她的钱了,我交。"就这样,任红利帮助老奶奶实现了心愿。①

老奶奶是不是企业的利益相关者?肯定是的,每个顾客都跟企业的利益息息相关,但谁都知道,这个老奶奶并不会带来多少的销售额,满足她的要求,不但要付出时间,甚至还会赔钱。如果企业是为了利润最大化,或者股东权益最大化,肯定不会好好服务这个顾客,但是如果考虑到利益相关者权益最大化,这样做又是值得的,因为让这个老奶奶如愿以偿,其实就是保障了顾客的权益最大化。

这种故事在胖东来非常多。顾客郭宝玉为了给母亲配药想找四两荞麦面,他走遍了许昌的大街小巷都没有找到,最后他来到胖东来,发现胖东来也没有荞麦面。营业员了解到情况后,让他进行了登记。第二天,两位胖东来的员工就把专门采购的荞麦面送到了郭宝玉的家里,并且没有收郭宝玉的钱。郭宝玉把这个故事写了下来,这就是"四两荞麦面"的故事。②

无独有偶,超市部李彩虹也记录了一个类似的服务顾客的故事。有一天,李彩虹发现一位中年大叔一直在食品区寻找,她上前询问得知,顾客想买酒鬼牌花生米,但当时正好缺货。李彩虹给顾客推荐其他牌子的花生米,顾客表示不想要。看到顾客失望的神情,李彩虹在心里告诉自己,一定不能让他失望。她先是向兄弟门店打电话询问,大家都说这个产品断货

---

① 资料来源:胖东来官网资料《胖东来故事手册(一)》"付出让我心里踏实很多",超市部 任红利。
② 资料来源:胖东来官网资料《胖东来故事手册(一)》"四两荞麦面",顾客 郭宝玉。

了。后来她给一个好朋友打电话，让他去市区内其他超市买一些酒鬼牌花生米，并尽快送到店里。朋友去了很多家超市之后终于买到了。李彩虹赶紧通知顾客，顾客拿到花生米后非常激动。其实李彩虹在外面购买花生米的价格比店里卖得贵，但最后还是以店里的原价卖给了顾客。[①]

讲到这里，也许有人会说，这种耗精力又不赚钱的生意对企业来说有什么用呢？纯粹是做公益献爱心，企业是经营主体又不是慈善机构，总这样做，企业不就关门了吗？员工是要喝西北风吗？

但是胖东来不这样看问题，保障顾客利益最大化也许耽误时间，也许赔钱，也许不会带来什么利润，但长久来看，这样做是值得的。因为顾客是企业的生命线，保障顾客利益是企业的立身之本。所谓顾客利益最大化，不是保障某一个顾客的权益，而是要让所有顾客利益叠加在一起最大化。也就是说，企业在力所能及的范围内，尽可能保障每一位顾客的利益，通过努力让尽可能多的顾客感到满意，从而实现所有顾客利益的总和最大化。

而且，胖东来不仅保障顾客利益最大化，还打开大门欢迎同行参观、指导、学习，保障了同行的利益最大化；社会危难之时，胖东来及时捐款捐物，保障了社会利益最大化。在对待媒体方面，胖东来也持开放的态度，不管是官方媒体还是自媒体，都可以自由地在胖东来进行拍摄和报道，这也保证了媒体利益最大化。总之，在这些并不能给胖东来带来收益的领域，胖东来依然秉持开放的态度，保证相关方都能因为胖东来而获益。

胖东来为什么要这么做呢？也就是第三个问题，处理好与利益相关者的关系对胖东来到底有什么益处？

首先，保障利益相关者权益最大化给胖东来争取了很多朋友。不管是顾客、员工、供应商、合作方、同行、媒体还是社会，大家都实实在在被

[①] 资料来源：胖东来官网资料《胖东来故事手册（一）》"断货之后"，超市部 李彩虹。

胖东来关照和服务着。这让胖东来在经营上少了很多阻力，多了很多助力。比如，很多网友在网络上自发维护胖东来的声誉，自发宣传胖东来。胖东来没有花一分钱广告费却得到了几千万广告费才能实现的效果。这些年，胖东来频频登上网络热搜，而且几乎全部是正面的新闻与评价，也显示出这些"朋友"对胖东来的爱戴和支持。

其次，保障利益相关者权益实打实给胖东来带来了效益。我们经常说"舍得"，有舍才有得。保障利益相关者利益其实是"舍"——放弃那些本来属于自己的东西，让别人受益。反过来，因为对别人好，企业才能"得"，这一点从胖东来的经营业绩就可以看出。胖东来越是对别人好，自己就越好，胖东来越是把钱发出去，企业就越能赚更多的钱，这已经成了一个良性循环。

不过，"朋友"和"效益"都还只是表象，不是胖东来维护利益相关者权益的根本原因。说到底，胖东来愿意这样对待利益相关者，是因为企业文化。在胖东来的卖场，很多地方都有"爱""阳光""幸福""美好"这些字眼，比如"自由·爱""爱在胖东来""发自内心的喜爱高于一切""优秀的商业不是规模，而是传承幸福与品质""真正地成就员工是培养员工阳光、快乐、自信的生命状态""用爱对待万事万物，因我们是伟大、善良、快乐的人""做企业是为了让社会更美好"，这说明在胖东来的企业文化里，分享、利他本身就是企业的基因。具体到处理利益相关者关系时，很自然地就是对别人好，让别人的利益最大化。

以文化和价值观为基础的利益相关者关系管理本身也是自洽的。有的企业标榜"顾客权益最大化""让顾客100%满意"，但对自己的员工非常刻薄，对供应商非常苛刻，与其他利益相关者的关系也是一塌糊涂，最后企业所有的利润别人一分都拿不到，全部进了老板的腰包。那么，这种利益相关者体制就不可能成立，因为这本质上是一种冲突的关系。

这个道理非常简单，一个不能被企业善待的员工不可能善待企业的顾客，一个坑害供应商的企业也不可能真诚服务自己的客户。当企业的文化和价值观出现扭曲时，任何"高尚"的目标和口号都不可能真正落实与执行。理解了这一点，再回过头看胖东来的利益相关者关系，就会发现这种利益关联体制跟企业文化、创新体制、成长飞轮体制、股权和分配体制都有关系，因为有了利益关联体制，企业才能有创新、才能有成长，而利益关联体制的根基又是企业文化、股权及分配体制。

知识卡片和学习心得

1. 利益相关者理论

美国工商管理学教授罗伯特·爱德华·弗里曼提出了利益相关者理论（Stakeholder Theory）。1984年，弗里曼出版了《战略管理：利益相关者管理的分析方法》一书，在这本书里，弗里曼识别了作为公司利益相关者的群体，并推荐了管理层可以考虑这些群体利益的方法。

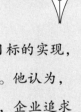

在弗里曼的定义中，利益相关者是能够影响一个组织目标的实现，或者受到一个组织实现其目标过程影响的所有个体和群体。他认为，任何一个公司的发展都离不开各利益相关者的投入或参与，企业追求的是利益相关者的整体利益，而不仅仅是某些主体的利益。

弗里曼认为，利益相关者由于所拥有的资源不同，会对企业产生不同影响。他把利益相关者分成了三种类型：①持有公司股票的一类人，如董事会成员、经理人员等，称为所有权利益相关者；②与公司有经济往来的相关群体，如员工、债权人、内部服务机构、雇员、消费者、供应商、竞争者、地方社区、管理机构等，称为经济依赖性利益相关者；③与公司在社会利益上有关系的利益相关者，如政府机关、媒体以及特殊群体，称为社会利益相关者。

2. 利益相关者理论与觉醒商业

继弗里曼之后，对利益相关者做出重要诠释的是美国觉醒商业运动的创始人拉金德拉·西索迪亚教授，他在著作《共赢——觉醒商业的实践》中提到利益相关者的四条原则。①

第一，企业是一个内部个体相互关联、相互依存的生命有机体，而不是一台线性机器。第二，在这样一个有机体中，仅仅寻求使其功能的某一个方面最大化是目光短浅的；相反，我们必须着眼于全部个体的利益。第三，该系统的所有组成部分（利益相关者）既是手段也是使命；他们为系统创造价值，也从系统中获得不同的价值。第四，受共同价值观和共同使命的激励，利益相关者是系统的贡献者，而不是索取者。恰恰相反的是，他们得到的回报远远超过他们所给予的。总之，要想实现共赢，必须共同付出。

3. 学习笔记和心得

早期的商业理论认为，企业发展需要各种成功的要素，比如努力的员工、善意的客户、诚信的供应商、良好的媒体环境和社会氛围等，为了获得这些要素，企业可以使用各种管理方法和技巧，比如通过激励的方法调动员工积极性，通过公关关系管理协调和媒体的关系，通过捐款、游说等方法获得政府和社会的支持，等等。

但现代商业理论认为，企业应该和各种利益相关者一起创造成功并分享成果，企业和利益相关者之间不是利用与被利用的关系，而是

---

① 资料来源："共赢思维：觉醒商业的利益相关者模型"，总裁读书会，新浪财经头条，2023年7月17日，https://finance.sina.com.cn/cj/2023-07-17/doc-imzazaum4871865.shtml。

携手共创、共赢的关系。企业在最开始就应该摆正自己的位置，相信利益相关者跟企业是共生的关系，企业不能以获取利益为由对利益相关者进行选择和取舍。

举个例子，某企业生产中存在严重的环境污染问题，为了掩人耳目，该企业花重金收买部分媒体，并通过删除网上评论、给知情员工发放"封口费"等措施避免事态扩大。但随着时间的推移，更多的利益相关者站出来揭发企业的行为，最终导致企业破产。这个例子也说明，企业从最开始就要坦诚面对各利益相关方，不应把某些利益相关方当成工具，而应该实现各方的共赢。

水能载舟，亦能覆舟。同样地，利益相关者能让一个企业越来越好，也能让一个企业坠入万丈深渊。对于管理者来说，关键问题是如何处理好企业与各利益相关方的关系，让他们能持续"载舟"而不是"覆舟"。

4. 躬身入局 + 事上练

很多人把处理利益相关者权益理解成"讨好行为"，比如讨好消费者、讨好员工、讨好媒体、讨好供应商、讨好竞争对手、讨好政府等，这是有问题的。首先，讨好很难，讨好所有利益相关方更是不可能的，因为企业的资源、精力有限，各种讨好只会让企业偏离正常经营的轨道；其次，讨好是无止境的，企业无法保证每时每刻都能讨好各方；最后，讨好是单方面的行为，并不一定能获得对方的回应，也许企业的讨好行为根本不被对方所接受，反而适得其反。

真正的共赢不靠讨好，靠的是各方目标和价值观一致，彼此信任，彼此携手共进。企业在成立之初就需要考虑这个问题，而不能等出了问题再想着去讨好。比如一家餐饮企业，它需要考虑食品安全和顾客的健康，也需要考虑员工的工作环境和待遇，还需要考虑如油烟、污水排放、噪声、垃圾处理等会不会给周边社区和环境带来影响。这里头，任何一个问题、任何一个利益相关方考虑不周，都可能对企业发展产生致命的影响。

即便如此，我们也不应该把利益相关方权益当作企业发展的制约因素，如果企业的文化和价值观从一开始就是利他的、共赢的、美好的，那么，所有的利益相关者都会自动转化为企业发展的支持者。以胖东来为例，顾客说胖东来的好话，员工感激胖东来给自己提供成长的机会，供应商以和胖东来合作为荣，媒体因为传播胖东来的善举而被称赞，社会也提倡胖东来式经营理念，这不就变成"得道多助"的故事了吗？

5. 更多学习资料：利益相关者关系车轮模型

我们都见过自行车的车轮，车轮由三部分组成：中间的转动轴、发散的辐条和外面的橡胶轮胎。我们可以把转动轴比作企业自身，把发散的辐条比作各个利益相关者，把橡胶轮胎比作企业经营所取得的成果。那么企业和利益相关者的关系就可以看成车轮与辐条的关系。

首先，每根辐条都至关重要，缺一不可，一根辐条断裂了，整个车轮就不稳了，所以你可以把每根辐条都看成影响车轮运转的因素；其次，每根辐条都起到支撑的作用，所有辐条在一起才组成了整个车轮，车轮要运转，每根辐条都要受力，所以你也可以把每根辐条都看成推动车轮运转的因素。

这个解释也跟上面提到的理论契合，如果企业自身没有明确的价值观，也就是转动轴出现了问题，那么辐条和转动轴连接处就不稳，这是未来发展的巨大隐患。相反，如果企业最开始就考虑利益相关方的利益，并进行合理的安排，每根辐条都在合适的位置，也能发挥应有的作用，那么所有辐条又组合成了一个整体，让车轮可以自由地转动。利益相关者关系车轮模型如图 3-15 所示。

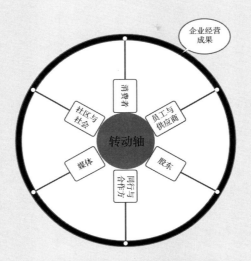

图 3-15　利益相关者关系车轮模型

作为企业经营者，你需要经常检查公司的利益相关者关系车轮。如果企业经营成果不如预期，你需要思考：到底是企业自身的"转动轴"坏了，还是利益相关者的"辐条"出了问题？企业不能脱离外部环境存在，各方力量共同推动，才能造就一家成功的企业。

第五节　胖东来为什么不走出河南
——企业的使命和价值观

关于胖东来的讨论，一直绕不开一个有争议的话题：既然胖东来这么厉害，为什么它不走出河南？

支持胖东来的人认为，胖东来不是不能走出河南，而是不想走出去，以胖东来现在的口碑和管理水平，开到哪儿火到哪儿。退一万步说，即使胖东来自己不出去开店，仅仅靠发展各地的品牌加盟商，一夜之间就可以开遍全国。

怀疑胖东来的人认为，胖东来的经验只在河南适用，甚至只在像许昌、新乡这样的三、四线城市适用，但凡把胖东来搬到别的地方，就会水土不服。有人认为，胖东来的经验没有可复制性，现有门店能成功得益于天时、地利、人和，都是非常偶然的因素。也有人认为，胖东来只能管理现有这些门店，一旦扩张到外地，管理就会出问题。

2024年2月，"每日人物"微信公众号发表了一篇文章——《顶流胖东来，为什么走不出河南》。在这篇文章里，作者总结了胖东来走不出河南的几个原因。第一是胖东来始终没有走出河南的想法；第二是胖东来现在的很多做法，很难复制到其他城市，比如在许昌的供应链就很难复制；第三是进入一个新城市，从其他零售巨头手里获客也是一件难事；第四是企业文化很难复制，一旦胖东来离开河南，注定无法贯穿这种模式。①

---

① 资料来源："顶流胖东来，为什么走不出河南"，王潇，"每日人物"微信公众号，2024年2月17日，https://mp.weixin.qq.com/s/cNwlafOwF4Sv2PcyDsp5tg。

在这篇文章里，作者特别引用了郑州大学商学院教授周阳敏的观点。周教授从 2006 年开始调研胖东来，他向"每日人物"提到了总结的几个原因。第一，他认为胖东来在当地有一种"明星经济"的味道，但放到别的城市，胖东来能否成为明星，还是个未知数；第二，各地几乎都有自己最著名的本土超市，本土超市已经圈定了自己所在城市的客群，如果胖东来想抢夺这部分客户，需要高昂的成本；第三，胖东来早期锁定了四线城市中的中高端人群，它的定位和价格是匹配的。周教授认为，即使把它现在的经营模式复制到（临近的）郑州，成功的可能性都很低。

河南本地媒体"大象新闻"在 2024 年 3 月也做了一个关于"顶流胖东来"的策划，同样出现了"顶流胖东来""走出河南"这样的字眼。文章引用了一位曾在胖东来工作多年的员工的观点，他认为，胖东来之所以没有考虑在许昌（和新乡）之外的地方开店，更多还是考虑运营成本。包括员工薪资成本，以及其他层面的运营成本，包括供应链体系等。[1]

"混沌学园"微信公众号上有一篇万字长文，分享胖东来的案例。在这篇文章里，作者提到一个非常有意思的概念，叫"乡绅精神"。作者认为，胖东来之所以无法走出许昌和新乡，最主要的原因是于东来的乡绅精神就是要服务本地百姓。什么叫乡绅精神呢？文章解释说，"这种新乡绅精神，其实是源于于东来看到自己内心自主性的根源，他用这种心力去给员工尊重和快乐，进而能够关爱客户，关爱社区。于东来是用胖东来作为载体，实现了企业从经营到文化构成的完整价值，在这里可以看到他的核心动力是他的乡绅精神"[2]。

---

[1] 资料来源："顶流胖东来，已拥有 13 家实体店的胖东来会走出河南吗？"，申子仲、赵朝阳、冯冲等，大象新闻，2024 年 3 月 5 日，https://share.hntv.tv/news/0/1764837692734791681。

[2] 资料来源："被封神的胖东来，为什么不走出河南？"，摘自"混沌学园"微信公众号"一思维创新商业案例 TALK"系列直播第六期郁金星老师关于胖东来案例的分享，2022 年 11 月 18 日，https://mp.weixin.qq.com/s/HGVIS_rTLWqGzU4aec5Peg。

有意思的是,"混沌学园"这篇文章题目叫作《被封神的胖东来,为什么不走出河南?》,和前面提到的"每日人物"的文章《顶流胖东来,为什么走不出河南》一个是"不走出",一个是"走不出",字词顺序有细微差别,但其实意义完全不同。"不走出"说的是主观意愿,"走不出"说的是能力和可能性。

胖东来有没有能力走出河南?答案是肯定的,虽然胖东来还没有在河南以外的地方开设门店,但是"××胖东来"已经遍布全国。比如,"东北胖东来"[①]"湖北胖东来"[②]"广东版胖东来"[③]"山东版胖东来"[④]等,这说明胖东来的影响力不只局限在河南。而就"走出去"来说,也有多种形式,在当地开自营门店是一种形式,品牌授权、联营、快闪店等也是可行的形式。

其实,说到企业的发展扩张,胖东来这种立足本地的模式并非特例。日本东京有一家著名的寿司店,名为"数寄屋桥次郎"(国内也有人称其为"二郎寿司"),它的创始人是小野二郎,因为他寿司做得好,人们送他外号"寿司之神"。数寄屋桥次郎寿司店连续13年被米其林评定为三星餐厅。[⑤]按说以"寿司之神"的名气,把这家店开到全世界都是有可能的,但几十年来,这家店并没有走出过东京。按之前的逻辑,日本人是否也应该提出疑问:"顶级寿司之神,为什么走不出日本?"或"被封神的寿司店,为什么不走出东京?"

---

① 资料来源:"'东北胖东来'比优特年入50亿,'动态折扣化'成杀手锏",乾行,零售商业财经,2023年12月25日,https://www.sohu.com/a/747007824_120987358。
② 资料来源:"雅斯超市:'超越'胖东来",颜菊阳,商业观察家,2021年11月11日,https://www.logclub.com/articleInfo/NDAyODQ=。
③ 资料来源:"巨亏24亿!广东版胖东来,毁在自己人手里","金错刀"微信公众号,2024年3月8日,https://new.qq.com/rain/a/20240308A064YI00。
④ 资料来源:"被2500万人力挺,年赚百亿!山东版胖东来,吊打洋巨头","金错刀"微信公众号,2023年1月10日,https://news.pedaily.cn/202301/506638.shtml。
⑤ 资料来源:"连续13年获米其林三星,'寿司之神'小野二郎:一口寿司,让我有了梦想",日经中文,天下杂志,2021年2月10日,https://www.cw.com.tw/article/5107268。

我们知道，日本既有像索尼、三菱、丰田这样的巨型跨国公司，也有很多像数寄屋桥次郎这样不愿意扩张的小店。每家企业所处的行业不同，发展理念不同，使命愿景不同，所以完全没必要用一个标准套用所有的企业。

有人可能会说，寿司店标准化程度低，离开小野二郎这家店就没有灵魂了，但事实并非如此，世界上有很多成功的连锁寿司店。一家企业要不要扩张，能力是必要条件，意愿是决定因素。跟胖东来一样，数寄屋桥次郎有扩张的能力，但它没有开连锁店的意愿。小野二郎的寿司店开在银座一栋大楼的负一层，只有30平方米，一次最多只能坐10个人。有人问他为什么不换一个大点的店面，他回答说，厨师每次只能同时照顾10位客人，他希望把最好的食材、最好的服务送给每一位食客。[1]

别觉得这种理念很"虚"，其实这就是企业的价值观。对于小野二郎来说，扩张固然好，但如果扩张跟企业价值观相违背，就不能扩张，因为一旦扩张了，服务质量跟不上，那么这家店的立身之本就不存在了，扩张也就没有意义了。

胖东来其实也一样，让员工找到自己的价值，让顾客获得美好的购物体验，向全社会传递积极阳光的心态，这是胖东来的价值观。扩张固然好，但如果扩张跟企业价值观冲突，胖东来的根基就被动摇了，那么扩张也就没有任何意义。

说到价值观，到底什么是价值观？一家企业的价值观又是怎么来的呢？

价值观就是价值判断的标准，简单来说，就是判断一件事能不能做、值不值得做的标准。比如企业的利润要不要分给员工？不好的产品要不要

---

[1] 资料来源："日本顶级寿司师小野先生：寿司只有20秒生命"，徐静波，静说日本（澎湃号·湃客），2019年9月26日，https://m.thepaper.cn/newsDetail_forward_4523555。

重新包装一下卖给顾客？要不要花点钱删掉网上关于企业的负面评论？如果一家企业的价值观是金钱至上，只要赚钱可以不择手段，那么关于上面这三个问题，它很容易做选择：利润尽量不分给员工，不好的产品重新包装后可以卖给顾客，要尽快删除负面评论。但如果这家企业希望利益相关者利益最大化，传递积极正能量，那么它也很容易做选择：利润要分给员工，不好的产品不能重新包装后再卖给顾客，不应该删评论而应该解决评论背后的问题。

以这种逻辑思考"胖东来要不要走出河南"，问题就会变得更加具体。走出去对员工有好处吗（现有的员工能否得到同样或者更多的关怀和成长，外地新店的员工能否同样获益）？对顾客有好处吗（现有的顾客利益能否得到保证，外地新店的顾客利益能否得到保证）？对竞争对手和社会有好处吗（是良性竞争还是无序竞争，是社会效益最大化还是投入和资源的浪费）？

思考到这一步，是否走出河南就不再是一个走出去或不走出的二元选择。在遵循企业价值观的前提下，胖东来是否还有其他更好的选择呢？

事实上，这两年胖东来正在用自己的方式"走出河南"。跟人们常规理解的企业扩张不太一样，胖东来没有选择在外地开店，而是采用了"思想走出去""团队走出去""产品走出去"策略。

先来看"思想走出去"。在胖东来的文化理念手册中，胖东来把自己定位为一所学校。一方面，胖东来希望引导自己的员工培养健全的人格，成就阳光个性的生命；另一方面，胖东来希望自己像学校一样，为社会提供一种健康、公平、真诚的经营模式，带动更多企业向更美好的方向发展。

"思想走出去"并非停留在口头上，胖东来公开企业各项管理制度，欢迎同行参观拍照，召集、参与各种行业内研讨会，甚至下场帮扶兄弟企业，这都是在推动"思想走出去"。2023年和2024年，中国超市周活动连续两年在许昌举办，数千名超市业和零售业从业者参加会议，于东来在会上的发言主要围绕胖东来的发展理念、经营策略、文化展开。① 除此之外，胖东来还联合相关机构开设种子班、总裁班等，手把手指导同行兄弟企业。

除了让"思想走出去"，胖东来的团队也走出了河南。2024年5月8日，胖东来工作人员向媒体确认，将对永辉超市启动帮扶计划。消息传出，永辉超市盘中涨停，市值暴涨了22亿元。② 有人说，这是胖东来送给永辉超市的22亿元"大红包"。

其实早在2023年6月，胖东来团队就启动了针对江西上饶嘉百乐超市的帮扶行动。据知情人士透露，经过调整后，嘉百乐万力店日均销售额从十几万元涨到了50万元左右。③

成功改造嘉百乐超市后，2024年3月，胖东来又启动了对湖南步步高超市的帮扶计划。步步高超市诞生于1995年，2008年成功上市，被称为"中国民营超市第一股"，但近年来，因为盲目扩张等因素，企业营收下滑，亏损扩大。胖东来对步步高超市的改造效果也非常显著，步步高梅溪湖新天地店在调改之前日销15万元，调改后五一期间平均日销210万元④，翻了十多倍。

胖东来的帮扶和调改是实打实的"团队走出去"。据媒体公开资料，为帮扶步步高超市，胖东来派出了胖东来超市总经理申红丽、胖东来超市

---

① 资料来源："许昌胖东来|2024中国超市周来了"，河南广播电视台许昌记者站，2024年3月24日，https://share.hntv.tv/news/0/1771721106161397761。
② 资料来源："胖东来，批量拯救'永辉们'"，投资界，2024年5月16日，https://finance.sina.cn/2024-05-16/detail-inavmmfc9696382.d.html?from=wap。
③ 资料来源：同②。
④ 资料来源：同②。

生鲜总经理徐锐等，此外，胖东来还派出20人的高管团队全程参与。①

伴随着理念、方法和团队，胖东来的产品也走出了河南。以调改后的长沙步步高为例，据时代财经报道，"（2024年）4月11日起，胖东来热销商品就陆续上架步步高，包括网红大月饼、精酿啤酒以及20余款胖东来烘焙产品等，并根据门店的面积、位置、陈列货架数，等等，重新配置商品结构"②。同样的情况也出现在永辉超市，据投资界报道，"作为本次调改的重点，两家门店（永辉超市郑州瀚海北金店和新乡宝龙广场店）将在卖场商品上全面参照胖东来商品结构，以永辉现有供应链体系为主，胖东来做结构性补充。此外，利用地理相距较近的优势，将胖东来热卖的熟食系列和烘焙系列引入永辉卖场"③。

了解完这些再回过头来看，相比贸然去外地开店，"理念走出去""团队走出去""产品走出去"其实大大降低了胖东来走出去的风险。即便有一天胖东来真要在外地开店，这些准备工作也帮胖东来做了最好的铺垫。结合前面提到的，胖东来开通了线上商店小程序，其实胖东来去不去外地开店已经不再重要，胖东来的口碑能走出去、商品能走出去，事实上不就等同于走出河南了吗？

大家讨论胖东来能否走出河南，其实折射出了人们心中一种固化的企业发展理念，那就是企业要想发展，必须依靠规模的扩张。过去30年，中国很多企业发展的路径都是"做大做强"，但是随着经济发展模式的变化，过去的高速增长变成了平稳匀速增长，在这种背景下，做大做强不再

---

① 资料来源："继嘉百乐后，胖东来启动帮扶步步高"，牧之，联商网，2024年4月1日，https://www.foodtalks.cn/news/52088。
② 资料来源："胖东来多了一个门徒，福建老板张轩松'拜师'于东来，永辉超市加入'爆改'"，张雪梅，时代财经，2024年5月8日，https://www.tfcaijing.com/article/page/6b6d354b6e6e624e4a77675a5170537953716a6877413d3d。
③ 资料来源："胖东来，批量拯救'永辉们'"，投资界，2024年5月16日，https://finance.sina.cn/2024-05-16/detail-inavmmfc9696382.d.html?from=wap。

是企业发展的唯一模式，"做精做强"和"小而美"，甚至像胖东来这样以传递美好和幸福为宗旨都是合理的路径。所以，当大家都在问胖东来为什么不走出河南的时候，其实换个角度思考会更有意义——胖东来为什么要走出河南？如果胖东来不走出去，它做什么才更有意义？

固化的企业发展理念背后是企业使命的固化，过去谈到企业家，谈到企业使命，大家最容易想到的就是创造财富，我们也习惯于用一个企业的规模来判断企业是否成功以及取得了多大的成功，但事实上，对大部分企业来说，赚钱只是企业发展的目标之一，企业的使命应该是更高维度、更长远的目标，简单来说就是："挣到了钱，然后呢？"

前面提到的"二郎寿司"，它的使命是做出世界上最好的寿司，让顾客得到绝佳的享受。为了这个使命，它会选择最好的食物，用最精湛的烹饪技艺，提供最好的服务。而胖东来的使命是传播先进的文化理念，包括向员工传播先进的文化理念，培养员工健全的人格，成就阳光个性的生命；向顾客传播先进的文化理念，让他们感受到自由和爱；向他人、社会传播先进的文化理念，推动建设平等、自由、博爱的环境。为了这些使命，胖东来会善待员工，真诚服务顾客，无偿开放自己的知识库供愿意学习的人学习，以及向社会捐款，等等。

企业的使命指引企业应该做什么。结合"胖东来要不要走出河南"这个具体的问题来看，企业的使命决定了胖东来必须走出河南，这样它才能影响更多人，更好地发挥自己的能量。而企业使命又需要跟企业价值观相匹配，价值观指引企业应该怎么做。它的价值观又约束它不应采用冒进和盲目求快的形式，于是它采用了前面提到的"理念走出去""团队走出去""产品走出去"，既扩大了影响力，又符合企业的价值观。

许昌胖东来大众服饰的玻璃幕墙上印有于东来写的四篇文章，大标题是"假如我是'萤火虫'"。小标题则分别是"假如我是一个乞丐""假如我家住在农村""假如我是一个打工者""假如我是个体户小老板",在这四篇文章里,于东来给自己替换了四种身份,意在说明,不管处于什么样的地位、环境,都应该先想好自己的使命和价值观,用他的话说"只要是有思想、有信仰的人,无论做什么,都是很快乐的"。

在"假如我是个体户小老板"这篇文章中,于东来说,如果自己是一个个体户小老板,投资5万元或10万元开个餐饮店或者地摊,他会保证环境整洁、食品安全、餐具卫生,饭菜品质好、口味好,让顾客放心、安全地消费。对员工好,除了基本工资,每个月净利润的40%分给员工。发自内心尊重员工,让员工感觉到温暖。随着经营的成熟,始终坚持持续提升品质,不盲目开发新品,保证所售单品的质量,这样边做边规划五年或十年战略,坚定做品质,做精做细,享受工作,享受生活,不骄傲膨胀,坚定按计划经营,始终把享受生活放在第一位,活好当下。

在文章的最后,于东来说:"随着思想的进步,能更合理地完善战略规划,但规划永不脱离追求幸福、自由、个性的信念……无论做企业或做小生意,一定要对自己的能力和经济做出评估,量力而行,千万不要急功近利,盲目做大,否则遇到不能承担的坎坷,将会伤害更多的人,也会让自己弄到无法挽回的地步。"[①]

看完这些,再来思考胖东来为什么不走出河南,再来思考胖东来整体的发展策略,答案就非常清晰了。胖东来发展的底层逻辑已经超越了简单的生意扩张和盈利,而是考虑到了企业价值观、永续发展、利益相关者关系以及企业最终的使命,而这,恰恰是胖东来这所学校最有价值课程的精髓所在。

---

① 资料来源:胖东来官网资料"企业文化"展板——"假如我是个体户小老板——假如我是'萤火虫'之四"。

知识卡片和学习心得

■ 1. 企业的使命

管理学家彼得·德鲁克对"使命"有一个非常简单的概括：使命就是组织存在的原因。德鲁克基金会主席弗朗西斯女士认为，一个强有力的组织必须靠使命驱动，企业的使命（Corporate Mission）不仅回答企业是做什么的，更重要的是为什么做，是企业终极意义的目标。崇高、明确、富有感召力的使命不仅为企业指明了方向，而且使企业的每一位员工明确了工作的真正意义，激发出内心深处的动机。[1]《基业长青》一书的作者吉姆·柯林斯曾这样概括德鲁克的伟大：企业的成败得失都可以从德鲁克的理论中找到答案，而对这个问题最根本和直接的答案，就是企业的使命和责任。[2]

■ 2. 使命、愿景和价值观

人们习惯把使命、愿景和价值观联系在一起，很多人也会把这三个概念混合在一起，作为企业文化和整体目标的表述。企业使命包括企业哲学和企业宗旨。一般来说，使命是一个偏抽象的概念或状态，而愿景则比较具体，比如中长期企业会变成什么样子，达到什么样的目标。有不少企业会把使命和愿景合二为一，合并成一个崇高且富有感召力的句子。价值观是企业对事情对错判断的依据，是企业在经营过程中推崇的信念的描述。

---

[1] 资料来源：MBA 智库百科，企业使命词条，https://wiki.mbalib.com/wiki/%E4%BC%81%E4%B8%9A%E4%BD%BF%E5%91%BD。

[2] 资料来源："德鲁克的影响"，吴晓燕、杜爽，中国经营报，2005 年 11 月 20 日，https://finance.sina.cn/sa/2005-11-20/detail-ikkntiak9718030.d.html?from=wap。

3. 学习笔记和心得

德鲁克对使命的解释非常精准，使命就是组织存在的原因。不同的阶段企业存在的原因是不一样的，也就是使命不同。比如下岗夫妻开设的小吃店，它的使命就是能赚钱养活这个家，在这个阶段，赚钱这个使命是合理的。随着小吃店的发展，它变成了连锁店，每年销售额上亿，这个时候，再把"赚钱养家"当作企业的使命就不合适了，对员工也没有激励和感召作用，企业就需要调整自己的使命，比如"打造当地特色美食，提供绝佳的就餐体验"。再往后，这家小吃店从连锁企业变成跨国餐饮公司，那么它过去的使命又不合适了，需要再次调整，比如"国际口味的健康餐饮选择"。由此可见，使命和企业发展一定要匹配，有时候，使命可能会滞后一点，有时候使命可能会超前一点，这都不要紧，重要的是，使命要让组织的存在具有合理性。

4. 躬身入局＋事上练

很多人认为，使命、愿景、价值观这些都太虚无，只有大企业才会搞这些，对小企业来说完全没必要。其实，不管提不提这些概念，这些东西都真实存在，小到一个只有自己参与的小生意，大到有上万名员工的跨国企业，每个企业都有自己的使命、愿景和价值观，只不过，有的企业会把它们总结出来，而有的企业只有一个模糊的认识。比如，上面提到的夫妻小吃店，它也有自己的使命和价值观，只不过夫妻俩没有认真想过这件事，也没有把这些作为企业文化写下来。

"假如我是'萤火虫'"系列文章想说明的是，使命、价值观和踏实的行动是成功与幸福的秘诀。对于想要学习胖东来的企业和个人来说，要学的不是胖东来的表象，而是学会这种思维模式，从使命和价值观改变入手，找到自己成功的秘诀。

5. 更多学习资料：企业管理钻石模型

一个企业可能有几十个部门，有上万人的员工队伍，有千头万绪的工作要做，但透过这些现象观察企业管理的本质，不过是由底层、中层和表层构成。底层是体制建设，即企业的使命（愿景）和价值观——企业到底想要实现什么目标，达到什么状态？中层是管理理念，即企业的战略布局和具体的经营活动——企业下一步要去往哪里，具体的人和事要怎么管？表层是业务表现，包括执行力和全员创新——命令能否执行下去，业务能否落实？

在这个系统中，底层的使命（愿景）和价值观是根本的制约因素，当企业遇到麻烦或者难以抉择的事情时，回头看看自己的使命，找回初心，回到企业根本的价值观，让它指导自己的行动。

中层的管理理念起到承上启下的作用，一方面，它是基于企业的使命和价值观做出的决策，比如胖东来要不要走出河南，怎么走出河南；另一方面，这些管理理念要通过员工执行，比如具体落实到人员、管理、产品上，要如何调配。再具体一点，如果企业要求员工善待顾客，那么在落实上，怎么要求员工？怎么考核？怎么激励？最后怎么分配？企业的管理绝不是强制命令，靠的是管理理念和管理方法。

最表层的是业务表现，包括员工的执行力、全员创新等，比如胖东来的员工如何执行岗位实操手册，如何快速反馈用户问题并做出改进，等等。

以上这些内容都可以用图3-16这个企业经营钻石模型表示。这个模型和前面章节提到的胖东来的体制建设、管理理念和服务创新是一脉相承的。拆解学习胖东来要从底层入手，理解其逻辑，然后由底层向上，思考管理理念，并带动企业的业务表现。

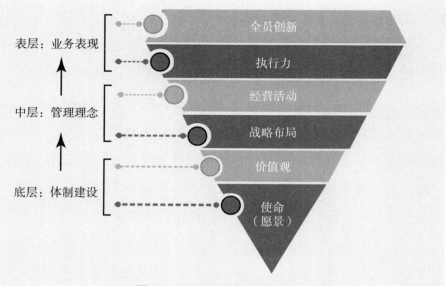

图 3-16　企业经营钻石模型

作为企业经营者,你可以对照这个模型中的各个层面,检查自己在企业经营中还有哪些缺失。比如,是否有明确的使命和愿景?是否结合使命、价值观做了战略布局?是否结合战略布局进行了经营活动?管理理念是否能落实?员工是否有执行力?有没有形成全员创新的氛围?

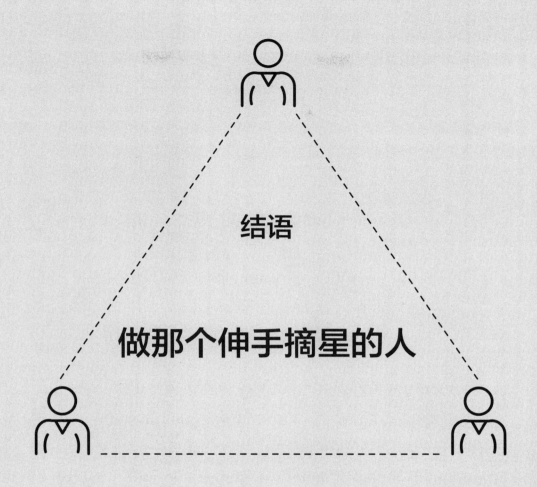

西方有一句谚语："伸手摘星，即使不能成功，也不至于满手泥污。"用这句话指导我们学习胖东来，再恰当不过。

很多人坚称胖东来学不会，不可以学，也没必要学。但如果反问一句，学了又怎么样呢？地球也不会爆炸，明天的太阳照常升起。更何况，即便只是学了个皮毛，也在这个过程中有了一些对企业未来发展的思考，这不也是收获吗？总不至于满手泥污。

正是本着这种"底线思维"，我把这本书的主角设置成了15个话题和与之对应的15个管理模型，胖东来只是例证。比如第一章第五节"上门退换货——提升服务的情绪价值"，"情绪价值"这个词很火，胖东来的做法让我们理解了如何把情绪价值贯穿到服务中去。如果你也在经营企业，你可以考虑如何带给你的顾客更多情绪价值。你可以使用这一节最后的"顾客情绪矩阵"，考虑如何增加顾客的正面情绪，减少顾客的负面情绪。

说到底，学习的主体是学习者，到底怎么学胖东来，学完之后怎么用，这完全取决于学习者自身。为此，我在每一节的最后都匹配了对应理论的源头，让大家得到启发。比如第三章第五节"胖东来为什么不走出河南——企业的使命和价值观"，我增加了彼得·德鲁克对"使命"一词的诠释，他认为"使命就是组织存在的原因"。虽然这句话只有11个字，但非常精辟。很多创业者不知道怎么确立企业的使命，想想德鲁克的话，使命不是喊口号，而是要回归初心，回到原点，想一想自己开设公司的根本原因。所谓大道至简，琢磨透了这11个字，很多问题都会迎刃而解。

理解了德鲁克的话，再来看胖东来"假如我是'萤火虫'"系列文章，你会发现，其实于东来跟德鲁克讲的是同一个道理，金钱、地位、规模、口碑，这些都不是使命，而只是成功路上的副产品，如果找不到真正的使命，即便上述这些外在的东西都实现了，企业还是在满是暗礁的海上航行，随时可能触礁沉没。

另外，我建议大家不要被网上各种评论干扰。无数的实践证明，系统的、有根据的、理论化的知识比各种传闻、态度、观点更有指导意义。学习胖东来既不能把复杂问题简单化——比如，非要把胖东来的成功总结成一句话，也不要把简单的东西复杂化——比如，认为胖东来内部有不为人知的"秘密武器"，高深莫测。

说白了，学习就是观察、拆解、思考、归纳、应用的过程，只要学习的态度是端正的，学习的过程是完整的，学习的资料是可靠的，没有什么东西是学不会的，只是人与人之间会有学习程度与学习速度的差异，假以时日，多加练习，人人都可以学得会。

学习是改变的开始，那些伸手摘星的人，运气都不会太差。